# Die schönsten Sagen aus Südtirol

Die Drucklegung dieses Buches wurde ermöglicht durch die Südtiroler Landesregierung / Abteilung Deutsche Kultur.

**Bibliografische Information der Deutschen Nationalbibliothek**
Die Deutsche Nationalbibliothek verzeichnet diese Publikation in der Deutschen Nationalbibliografie; detaillierte bibliografische Daten sind im Internet abrufbar: http://dnb.d-nb.de

2., verbesserte Auflage


**Design & Layout:** Athesia-Tappeiner Verlag
**Bildbearbeitung:** Typoplus, Frangart
**Druck:** Athesia Druck, Bozen
**Papier:** Innenteil Magno Volume, Vorsatz Offset White

Gesamtkatalog unter
**www.athesia-tappeiner.com**

Fragen und Hinweise bitte an
**buchverlag@athesia.it**

ISBN 978-88-6839-440-0

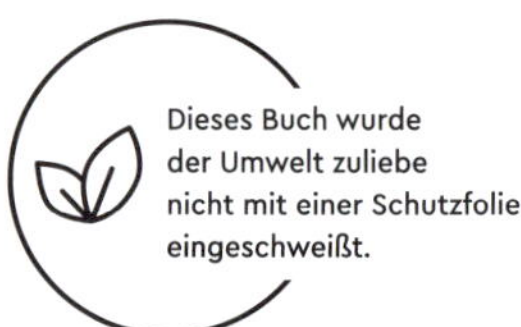

# Die schönsten SAGEN aus Südtirol

## FÜR KINDER NEU ERZÄHLT

von **Marianne Ilmer Ebnicher**
mit Illustrationen von **Brigitte Seiwald**

Sind Geschichten auch nur Geschichten
und Bilder nur Bilder,
sie erzählen uns doch die Welt.

# Inhalt

WIRTSHAUS

64

78

68

82

72

86

# Verstaubt und langweilig? Von wegen!

Sagen mögen alt sein, und die Überlieferungen mögen etwas eigen klingen – aber verstaubt und langweilig, das sind sie sicher nicht.

In Sagen findet sich Ursprüngliches und Wildes, Geheimnisvolles und Weises. Das sollte nicht verloren gehen, und so trug man diese Erzählungen vor Jahren mit großem Forschergeist zusammen, auch in Südtirol, wo es verschiedene Sammlungen gibt.

Darin spiegeln sich historische Persönlichkeiten und Begebenheiten wider; die Erzählungen sind an reale Schauplätze gebunden; es geht – wie oft in den Sagen – um das Warnen vor Verfehlungen, um den Aberglauben, um die Überschneidung von Heiden- und Christentum, um verlockende Schätze, verwunschene Orte …

Die Sagenfiguren reichen von Alb und Aufhocker bis zur Wetterhexe und zum Zwerg. Und wie diese Figuren daherkommen! Rüpelhaft, schaurig, lieblich, gewitzt, hasenfüßig, unerschrocken, selbstlos – eine Liste könnte man davon schreiben.

Diese Vielfalt zeigt sich auch bei den Sagenthemen. Und noch etwas: Es sind vor allem sie, die widerlegen, dass auf diesen Erzählungen eine Staubschicht liegt. Die Themen der Sagen sprechen nämlich nicht nur vom Gestern, nein, sie sprechen auch das an, was die Menschen im Hier und Jetzt bewegt: Wünsche und Träume, Ängste und Sorgen, die Suche nach dem richtigen Weg, der Bedarf nach Halt und Orientierung, die Hoffnung auf ein würdiges Dasein, auf Gerechtigkeit, Zugehörigkeit, Verbundenheit.

Diese Themen stehen meistens zwischen den Zeilen. Und genau das, was sich da eingerichtet hat – dieses Zeitlose –, spricht den Forschergeist an, die Faszination am Entdecken.

Diese Faszination hat auch uns erfasst. Mit ihr als Begleiterin werden in diesem Buch 23 Südtiroler Sagen frei erzählt, ihr Wesenskern wird unterstrichen, ihr Gegenwartsbezug wird herausgehoben, es wird nach bewährter Erzähltradition ausgearbeitet und ausgeschmückt.

Ausgeschmückt wird auch mit der Illustration. Auf Doppelseiten und anhand von Vignetten wird die Handlung der jeweiligen Erzählung in Stationen nachgezeichnet, großzügig, farbenreich und mit viel Liebe zum Detail.

Möge diese Faszination – das wäre unser Wunsch – auch auf Sie, liebe Leserin und lieber Leser, überspringen. Möge Südtirols Sagenschatz mit seinen vielen Figuren und Schauplätzen Sie neugierig machen. Und mögen die Themen auch ihre Neugier am Entdecken wecken.

Marianne Ilmer Ebnicher
Brigitte Seiwald

# König Laurin und sein Rosengarten

Vor langer Zeit gab es in einem Bergmassiv der Dolomiten einen Garten. Darin blühten rote Rosen, so viele, dass die Felsen ringsum in einem bezaubernden Licht leuchteten. In Hellrot, Orangerot, Purpurrot ...

Dieser Garten gehörte Laurin, dem Zwergenkönig. Er lebte mit seinem Volk in einem Kristallpalast im Inneren der Berge. Die Zwerge suchten nach Erzen und Schmucksteinen, trieben damit Handel und gestalteten den Palast aus. Wie es dort funkelte. In den Gängen, im großen Saal, überall.

Das gefiel Laurin sehr, aber seine größte Freude waren die Rosen. Er ging oft im Garten spazieren und roch an den Blüten.

Etwas vermisste er trotzdem: eine Frau an seiner Seite. Aber keine der Zwerginnen gefiel ihm, selbst die klügste und hübscheste nicht. So erfasste ihn mit der Zeit eine große Einsamkeit.

Auch war er ständig in Sorge, dass jemand den Rosen Schaden zufügen könnte. Deshalb ließ er den Garten mit einem Seidenfaden umspannen. Niemand durfte ihn durchbrechen. Niemand durfte eine Rose pflücken, auch keine Knospe.

„Wer es wagt, wird durch mein Schwert eine Hand und ein Bein verlieren", grollte Laurin.

Die Einsamkeit und die Sorge hatten ihn hart werden lassen.

Eines Tages aber erhielt er eine freudige Nachricht. Ein Zwerg war im Tal gewesen und hatte ein Mädchen gesehen, die Tochter des Königs an der Etsch. „Sie heißt Similde und ist wunderschön", sagte er. „Wie eine Blüte in Eurem Garten."

Der Zwerg berichtete noch etwas: Der König hatte ein Turnier ausgerichtet, bei dem der Sieger um Simildes Hand anhalten konnte. Das wollte Laurin auch tun, unbedingt. Similde, was für ein wohlklingender Name. Ach, und schön wie eine Rose. Was für ein Glück, dass Laurin auch König war. So würde man ihn sicher zum Turnier einladen.

Nun wartete er Tag um Tag, aber der Bote mit der Einladung kam nicht. Wieso nur? War er aufgehalten worden? Die Wahrheit sah anders aus: Der Bote war gar nicht losgeschickt worden. Für Laurin war keine Einladung vorgesehen.

„Weil ich ein Zwerg bin, ein Kleinwüchsiger!", rief er zornig. „Weil der König an der Etsch so einen nicht dabeihaben will. Dieser aufgeblasene Etschtaler! Ich bin ihm nicht gut genug. Was bildet der sich denn ein?"

Dann fasste Laurin einen Plan. Am Tag des Turniers stand er früh auf und schnallte seinen Zaubergürtel um, der ihm die Kraft von zwölf Männern verlieh. Er zog sich auch seine Tarnkappe über, die ihn unsichtbar machte. Danach schwang er sich in den Sattel seines Schimmels und ritt ins Tal, mit der Absicht, es dem König an der Etsch heimzuzahlen.

Vor dem Schloss versteckte Laurin sein Pferd und ging zum Turnierplatz, wo die Wettkämpfe bereits begonnen hatten. Er mischte sich unter die Leute, die auf den Tribünen standen und die Turnierteilnehmer anfeuerten. Langsam arbeitete er sich zu den Ehrenplätzen vor, und da war – Similde. Sie saß bei ihren Eltern und verfolgte gebannt das Geschehen. Sie war wirklich schön, so schön, dass Laurin bei ihrem Anblick fast das Atmen vergaß. Ein paar Herzschläge lang vergaß er sogar seinen Plan. Doch der Zorn siegte. Gleich würde der König an der Etsch ihn zu spüren bekommen.

Vorsichtig schlich sich Laurin nahe an Similde heran und wartete auf einen günstigen Moment.

Der kam, als sich auf dem Turnierplatz zwei Männer duellierten, Ritter Hartwig mit der Lilie auf dem Schild und Ritter Wittich mit der Schlange als Wappenzeichen. Jetzt waren alle abgelenkt, der König an der Etsch, die Wachen, die Zofen, Similde ebenso.

Laurin ergriff sie und zog sie rasch unter die Tarnkappe. Dann eilte er mit ihr zum Schimmel zurück und ritt davon.

Das Duell ging noch eine Weile weiter, doch plötzlich schrie das Königspaar auf und mit ihm rief die ganze Menge: „Die Prinzessin ist verschwunden! Allmächtiger, sie ist entführt worden! Wie ist das möglich? Sie unbemerkt von der Tribüne holen und fortschaffen, das kann nur einer: der mit der Tarnkappe und dem Zaubergürtel. Der Zwergenkönig, dieser Schuft!“

Der Wettkampf wurde unterbrochen, Ritter Hartwig und Ritter Wittich eilten zum Königspaar, das vor Schreck leichenblass war. „Die arme Similde“, klagten die beiden. „Laurin bringt sie bestimmt in seinen Palast. Wer weiß, was er ihr dort antut?“

„Sorgt Euch nicht, wir holen sie zurück“, versprachen Hartwig und Wittich.

Fürst Dietrich von Bern, ein Gast des Königs, der ebenfalls herbeigeeilt war, versprach das auch. Er war wegen seiner Kraft weitum bekannt. Eine bessere Unterstützung konnten die beiden Ritter sich gar nicht wünschen.

In aller Eile trommelten die drei Männer ihre Knappen zusammen, liefen zu den Pferden und schlugen den Weg in die Berge ein. Das Leuchten der Rosen führte sie, und so war es nicht weiter schwer, in das Zwergenreich zu gelangen. Die Frage war aber, wie die Männer vorgehen sollten, wenn sie auf Laurin trafen. Sollten sie mit ihm um Similde kämpfen? Mit einem, der einen Zaubergürtel und eine Tarnkappe trug? Bloß nicht! Sie mussten verhandeln und zwar mit Geschick.

Der Vorsatz der Männer war gut, aber vor dem Kristallpalast sollte es doch anders kommen. Wittich, der ein Stück vorausgeritten war, sah Laurin vor dem Tor. Er hatte die Tarnkappe abgenommen und zog, als er Wittich sah, das Schwert. Als er Wittich auch noch beschimpfte, durchbrach der den Seidenfaden und trieb sein Pferd durch die Rosen.

„Rück die Prinzessin heraus!“, donnerte er. „Sonst kannst du deinen Garten vergessen!“

Laurin war außer sich. „Du wagst es, meine Rosen zu brechen! Kennst du die Strafe nicht?“, rief er und verschwand flugs unter der Tarnkappe.

Schon war er bei Wittich, warf ihn aus dem Sattel und holte mit dem Schwert aus. Doch inzwischen war der Fürst zur Stelle. Aber wie sollte er Wittich verteidigen, wie sich selbst wehren? Er konnte Laurin doch nicht sehen. War er hinter ihm? Vor ihm?

„Die Rosensträucher bewegen sich, Laurin ist links von dir!“, riefen Hartwig und die Knappen, die nun auch nachkamen.

Daraufhin bekam der Fürst den Zwergenkönig tatsächlich zu fassen. Er konnte ihm sogar die Tarnkappe abnehmen und danach, mit Hartwigs Hilfe, auch den Zaubergürtel. Und dann, dann holte der Fürst mit dem Schwert aus.

Im selben Augenblick wurde eine Stimme laut. „Lasst den Zwergenkönig am Leben, bitte! Er hat mich zwar entführt, aber er hat mich gut behandelt und geehrt wie eine Königin!“

Das war Similde, sie war aus dem Palast gelaufen. Unzählige kleine Leute folgten ihr, rangen die Hände und baten wie sie für Laurin um Gnade.

Angesichts der veränderten Lage ließ der Fürst sein Schwert sinken und sagte: „In Ordnung, ihm wird nichts geschehen. Wenn er die Prinzessin gehen lässt."

Daraufhin meldete sich Laurin zu Wort, erklärte, dass Similde frei sei und gab zu, dass die Entführung ein Fehler war. Ein großer Fehler, für den er sich entschuldigte.

Das stimmte die Männer milde. Sie ließen von ihm ab, wofür er ihnen aufrichtig dankte und sie in den Palast einlud.

„Kommt", sagte er, und führte seine Gäste in einen prunkvollen Saal, wo sie an einer Tafel Platz nahmen und bewirtet wurden. Er stieß mit ihnen auf den Frieden an und gab sich unbeschwert. Dabei rang er mit sich selbst. Sollte er Similde wirklich gehen lassen? Nein? Ja! Aber was blieb ihm dann? Die Einsamkeit. Der Rosengarten, in dem Wittich mit dem Pferd viel Schaden angerichtet hatte.

Laurin leerte sein Glas in einem Zug, sprach heimlich mit ein paar Wachen, kurz darauf hallte ein Befehl durch den Saal. „Ergreift die Männer! Nehmt sie gefangen!"

Das Zwergenvolk gehorchte unverzüglich. Es stürzte sich auf die Männer, die sich zwar wehrten, aber gegen diese Übermacht nicht ankamen. Im Handumdrehen waren sie geschlagen und landeten in einem Verlies. Dort war kein Prunk mehr, stattdessen tropfte Wasser von den roh in den Felsen gehauenen Wänden. Bald zog den Männern die Feuchtigkeit in die Kleider, und in ihrem Inneren kroch die Wut herum.

„Laurin hat uns hinters Licht geführt!", schimpfte Wittich.

„Von wegen Frieden! Dieser verlogene Kerl!", wetterte Hartwig.

Und Dietrich schnarrte: „Dafür zahlt er, das schwöre ich euch!"

Mit diesen Worten warf er sich gegen die Tür, so oft, bis sie nachgab und krachend aus den Angeln flog.

Danach huschten die Männer durch Gänge, umgingen Wachen, erreichten schließlich den Eingang zum Saal und beobachteten das Zwergenvolk, das seinen Sieg feierte. Es wurde gescherzt und gelacht, und Laurin lachte herzhaft mit. Soll er doch, dachten die Männer. Das wird ihm gleich vergehen.

In dem heiteren Durcheinander merkte niemand, dass Hartwig sich in den Saal schlich. Es merkte auch niemand, dass er etwas an sich nahm, das Laurin abgelegt hatte: den Zaubergürtel und die Tarnkappe. Unsichtbar und mit der Kraft von zwölf Männern versehen hielt Hartwig nun nach Similde Ausschau. Sie war aber nicht im Saal. Also schlich Hartwig zu den Männern zurück und besprach sich mit ihnen. Wo konnte Similde sein? Der Palast war riesig.

Die Männer beschlossen, sie zu suchen und wollten gerade losgehen, aber – leider – eine Gruppe von Wachen entdeckte sie.

„Die Gefangenen haben sich befreit!", riefen die Wachen und drängten die Männer in den Saal, wo sie im Nu vom Zwergenvolk umzingelt waren.

Die kleinen Leute griffen zu den Waffen, kamen näher, noch näher, allen voran Laurin, der ...

„Hilfe!", rief er völlig unerwartet.

Jemand hatte ihn aus dem Nichts heraus gepackt und hielt ihm ein Schwert an den Hals.

Dieser Jemand war Hartwig. Schon vergessen, er war doch unsichtbar. Und er trug den Zaubergürtel.

Damit wendete sich das Blatt, und dieses Mal war es endgültig. Die kleinen Leute legten erschrocken die Waffen weg und baten noch einmal für Laurin um Gnade. Dafür taten sie alles, was von ihnen verlangt wurde. Sie brachten Similde vor den Palast. Sie holten Pferde und sattelten sie. Sie fesselten Laurin und setzten ihn auf seinen Schimmel. Er war nun ein Gefangener und musste sein Reich mit den Männern verlassen.

Als die Pferde antrabten, rollten Tränen über seine Wangen. Er, der König der Zwerge, verlor nun alles: Similde, sein Volk, seinen Palast, seine Schätze, seinen Garten, die wunderbaren Rosen. „Euer Licht hat die Männer hierhergeführt!“, schluchzte er. „Es hat mich verraten!“

Dann sprach er eine Verwünschung aus. Die Rosen sollten nie mehr leuchten, nicht bei Tag und nicht bei Nacht. Daraufhin erlosch ihr Licht tatsächlich. Similde kehrte zu ihren Eltern zurück, wo sie sich mit Hartwig vermählte. Laurin wiederum wurde in Dietrich von Berns Schloss gebracht, wo er in Haft blieb.

Vom ersten Tag an sehnte er sich nach seinen Rosen, und bald bedauerte er zutiefst, dass er sie verwünscht hatte. Allein das Wort war schon schön. Das rollende R, das volle O, das sanfte S ... – ROSEN. Ach, was hatte Laurin nur getan?

Irgendwann aber wurde ihm zugetragen, dass ihr Leuchten doch nicht ganz erloschen sei. Morgens und abends solle es sich noch zeigen. „Das kann nicht sein“, meinte Laurin und überlegte.

„Doch! Und ob!“, rief er sogleich. „Ich habe bei meiner Verwünschung, ‚nicht bei Tag und nicht bei Nacht‘ gesagt. Die Dämmerung aber, was für ein Glück, ich habe die Dämmerung ausgelassen.“

Was für ein Glück, das können auch wir sagen, wir im Hier und Jetzt. Warum? Weil die Rosen immer noch leuchten. In der Dämmerung entfaltet Laurins Garten seine Farben und taucht die Felsen ringsum in ein bezauberndes Licht. In Hellrot, Orangerot und Purpurrot.

# Das Kasermandl

Es war im Spätherbst. An einem Nachmittag sammelten zwei Kinder im Pustertal Holz. Zum Zeitvertreib spielten sie mit Tannenzapfen und entdeckten sogar noch ein paar Hagebutten.

Darüber hinaus vergaßen die Kinder die Zeit. Das bemerkten sie aber erst, als es dunkel wurde. Jetzt sah der Wald ganz anders aus, und der Weg war nicht mehr zu sehen.

Deshalb beschlossen die beiden, auf den Mond zu warten. „Wenn er scheint, finden wir heim", sagten sie und setzten sich ins Moos.

Doch wo blieb er? Auch die Sterne zeigten sich nicht. Oh weh, eine Wolkenschicht hatte den Himmel bedeckt. Später kam auch noch Wind auf und trieb Schnee vor sich her. Zuerst nur ein paar Flocken, aber schon bald war kein Baum mehr zu erkennen und erst recht keine Richtung. So lieblich sich das Wetter am Nachmittag gezeigt hatte, so rau war es nun.

In ihrer Not gingen die Kinder weiter. Sie mussten sich bewegen, sich warm halten. Sie mussten einen Unterschlupf finden, sonst würden sie diese Nacht nicht überstehen.

Aber wie sucht man im Schneetreiben einen Schuppen oder einen entlegenen Bauernhof? Das geht gar nicht. Und da war auch nichts. Nur die Dunkelheit. Nur der eisige Wind. Nur das rasende Flockengewirbel. Gegen so etwas kommt kein Mensch an, ein kleiner erst recht nicht. Die Kinder jedenfalls verloren den Mut, kauerten sich auf dem Waldboden nieder und begannen zu weinen.

Aber ... was war das? Ein Rufen? Ja, doch, eine Stimme war zu hören, verweht wie der Schnee. „Hallo! Hierher, hierher!"

Jetzt war auch ein kleines, verschwommenes Licht zu sehen. Es flackerte, so als ob der Wind es gleich ausblasen würde, reichte aber doch, um den Kindern ein Orientierungspunkt zu sein.

Voller Hoffnung stolperten sie durch den Wald und auf das Licht zu, bis sie schließlich einen Hügel erreichten. Dort stand ein altes Männlein, schwenkte seine Laterne und rief: „Kommt, schnell! Gleich seid ihr in Sicherheit!"

Die Kinder folgten ihm in eine Almhütte, wo sie sich am Ofen wärmten und wo das Männlein ihre Jacken zum Trocknen aufhing. Die beiden bekamen auch heißen Tee, den sie aber nicht anrührten. Stattdessen horchten sie ängstlich auf den Wind, der zum Sturm geworden war. Er rüttelte am Dach und trieb den Schnee in grauen Fäden an den Fenstern vorüber.

Das Männlein sah den beiden die Angst wohl an, denn es sagte mit beruhigender Stimme: „Keine Sorge, die Hütte hat schon ganz andere Wetter überstanden. Der Schneesturm legt sich wieder. Bald seid ihr bei euren Eltern."

Danach begann das Männlein zu kochen und erzählte den Kindern nebenher von Hasen und Rehen, die es manchmal vor der Almhütte fütterte. Es ließ die beiden auch in die Töpfe schauen. Zu ihrem Erstaunen waren ihre Lieblingsspeisen darin.

Wie sie bei Tisch zugriffen! Wie ihnen das Essen schmeckte und wie sie das Männlein deswegen lobten!

Ah, da strahlte es aber. Die Kinder mögen mich, dachte es. Sie vertrauen mir. Das tut sonst niemand.

Wie, das tut sonst niemand? Wer mochte das Männlein nicht? Und warum?

Nun, das Männlein war ein Geist, ein Wesen aus der Anderswelt. Die Menschen trauten ihm nicht. In der Hütte war es auch nicht gern gesehen. Dabei war es nur zeitweise hier. Nach dem Almabtrieb kam es aus den Bergen und blieb, bis das Vieh im Sommer wieder aufgetrieben wurde. Die Menschen nannten es Kasermandl. Weil es Kühe herbeizaubern und aus ihrer Milch Käse machen konnte. Kasermandl, genau, dieser Name gefiel dem Männlein sogar.

Diese Gedanken gingen ihm durch den Kopf, während es die Kinder betrachtete, die mittlerweile satt waren und müde wurden.

„Zeit fürs Bett", sagte es und richtete ihnen ein weiches und warmes Schlaflager her. Sie sollten es gut bei ihm haben, richtig gut. Es war nämlich anders, als es gesagt hatte: Der Schneesturm würde sich erst in ein paar Tagen legen. Er würde so viel Schnee bringen, dass die Kinder noch den ganzen Winter über hier sein würden. Das behielt das Männlein aber für sich. Lieber erzählte es den beiden eine Gutenachtgeschichte und saß bei ihnen, bis sie eingeschlafen waren, mit roten Backen und einem verträumten Lächeln.

Alles kam so, wie es das Männlein vorausgesehen hatte: Das Weiß legte sich ins Land, Schicht für Schicht, wie Watte. Es ließ die Natur ruhen – bis es Frühling wurde. Dann schmolz der Schnee, und rundum war ein Rieseln und Tropfen, auch bei der Almhütte. Und auch im Wald, in dem plötzlich Stimmen laut wurden. Das waren die Eltern der Kinder und ein paar Leute, die ihnen halfen, sie zu suchen.

Sie sahen sich lange um, liefen schließlich an einer Stelle zusammen, lachten und weinten vor Glück. Sie hatten die schlafenden Kinder gefunden, auf weiche Moospolster gebettet und warm zugedeckt.

Als die beiden erwachten, waren sie überzeugt, nur eine Nacht lang geschlafen zu haben. „Wir waren da oben", behaupteten sie und zeigten zur Almhütte. „Bei einem Männlein."

„Dann wart ihr beim Kasermandl!", riefen die Eltern. „Aber nicht nur eine Nacht, sondern den ganzen Winter über! Das Kasermandl hat euch gerettet. Ist das denn die Möglichkeit?"

Gleich darauf bekam das Männlein, das vor der Hütte in der Sonne saß, Besuch. Die Kinder umarmten es, ihre Eltern bedankten sich unzählige Male bei ihm, und die anderen Leute schüttelten ihm herzlich die Hand. Danach setzten sie sich zu ihm und blieben bis zum Abend.

Als sie heimgingen, winkte ihnen ein überglückliches Kasermandl nach. Jetzt war es nicht mehr der Geist, dem man misstraute. Im Gegenteil, man schätzte es. Die Kinder würden es bald besuchen, ihre Eltern und die anderen auch. Darauf freute sich das Kasermandl unbändig. Ach, es konnte diesen Tag gar nicht erwarten.

# Die Saligen helfen der alten Salome

Salome ging durch die Ortschaft Reschen. Es war Vormittag, trotzdem war es schon sehr warm.

„Hochsommer eben", murmelte Salome, erfrischte sich am Dorfbrunnen und rastete ein wenig. Dabei schaute sie zu den Tüten mit getrockneten Heilkräutern in ihre Tasche. Wem hatte sie die Lindenblüten versprochen, dem Tischler oder dem Schmied? Und wer hatte die Baldrianwurzeln und den Huflattich bei ihr bestellt? Die Hebamme? Die junge Weberin? „Ach je, so ist das im Alter. Die Hitze verträgt man schlecht, und der Kopf lässt auch nach", murmelte Salome wieder und ging weiter. Die Leute würden ihr schon sagen, welche Kräuter sie brauchten.

Mit einem Mal wurde ihr schwindlig, und eine Enge war in ihrer Brust, so als ob man sie eingeschnürt hätte. Du liebe Zeit, was war das? So etwas hatte Salome noch nie. Sie sollte heimgehen und Herztropfen nehmen. „Was bleibt mir auch anderes übrig", meinte sie. „Trag ich die Kräuter eben morgen aus."

Doch der Heimweg war anstrengend. Völlig entkräftet kam Salome bei ihrer Hütte an, die oberhalb von Cumpatsch im Wald stand. Sie griff nach den Herztropfen, aber das Fläschchen entglitt ihr und fiel zu Boden. Auch das noch!

Salome seufzte und legte sich ins Bett. Ihre Beschwerden kamen wohl nicht nur von der Hitze und vom Alter, das spürte sie. Auch hatte sie schon viele Kranke gesehen. Und Sterbende. Ob es für Salome auch so weit war? Musste sie sich von dieser Welt verabschieden und in die Ewigkeit gehen?

Aber wer würde dann die Heilkräuter austragen? In der Hütte waren noch getrocknete Schafgarbe, Frauenmantel, Brennnessel, Himmelschlüssel. Salome hatte auch Zinnkrauttinktur gegen Nierenleiden und Salben gegen Entzündungen gemacht. Dazu kamen die Herztropfen, fiebersenkende Mittel, Öle. Mit diesen Hausmedizinen hatte sie den Leuten oft geholfen. Doch jetzt konnte sie sich nicht einmal selber helfen.

„Wenn ich doch in Reschen um Hilfe gebeten hätte", meinte sie.

Aber so war sie eben, eine Eigenbrötlerin. Eine, die nirgends richtig dazugehörte. Da fragt man die Leute nicht gern. Darum war Salome in diesen schweren Stunden allein. Niemand war für sie da. Dachte sie zumindest.

Doch nun pickten drei Tauben ans Fenster. Mit letzter Kraft ließ sie die Vögel in die Hütte, wo sie sich in Frauen mit pfirsichfarbenen Gesichtern und schneeweißen Kleidern verwandelten. Oh, das waren Salige aus den Bergen. Sie wollten ihr beistehen. Was für eine Freude. Salige kamen nur selten zu Menschen. Und nur zu solchen, die es verdienten. Wie schön, jetzt war doch jemand für Salome da.

Die Saligen hoben das Fläschchen auf und gaben sie ihr, sie kochten stärkende Brühe und gaben sie ihr in kleinen Schlucken zu trinken. Dann nahmen sie sich wie selbstverständlich der Kräuter und Hausmedizinen an. Salome musste sie nicht einmal danach fragen.

Sie seihten die Tinkturen ab, strichen Salben in kleine Gläser, beschrifteten Kräutersäckchen. Wie flink sie dabei waren. Und wie gewissenhaft.

Sobald sie mit der Arbeit fertig waren, eilte eine von ihnen nach Reschen und in die umliegenden Dörfer und trug diese wertvollen Heilmittel aus. Als die Salige wiederkam, fiel Salome ein Stein vom Herzen.

„Damit ist die Arbeit getan, die ich auf dieser Welt zu verrichten hatte, und ich kann in Frieden gehen“, sagte sie mit schwacher Stimme. „Vorher würde ich aber noch gern das Abendrot sehen. Und, bitte, ich möchte ein christliches Begräbnis und eine Grabstätte auf dem Friedhof von Reschen.“

„Alles soll so sein, wie du es dir wünschst“, versprachen die Saligen.

Am Abend trugen sie Salome in einem Lehnstuhl vor die Waldhütte und deckten sie warm zu, wofür sie ihnen dankte. Sie verabschiedete sich auch von ihnen, ganz ruhig und bewusst. Danach ging ihr Blick zum Horizont und zu den leuchtenden Wolken, hinter denen langsam die Sonne versank.

Dieses Licht ließ Salome leicht werden, es schien sie zu tragen. Auch der Geruch des Waldes, der Wind und der Fluss der Zeit, alles trug. So schloss sie die Augen, und ihre Seele ging an den Ort, den niemand von uns kennt, von dem wir aber annehmen, dass wir dort für immer behütet und aufgehoben sind.

Die Saligen wünschten ihr eine gute Reise, hielten noch lange ihre Hände und beweinten sie wie eine Mutter. Als sich die Nacht niedergesenkt hatte, brachten sie Salome behutsam in die Waldhütte, legten sie auf weiße Leintücher.

„Hier soll es feierlich sein“, sagten sie, zündeten auch noch Kerzen an und schmückten das Totenbett mit Blumen.

Später schrieben sie einen Brief, mit freundlichen Worten und zierlichen Buchstaben. Am Morgen schickten sie ihn mit einem Holzfäller zum Pfarrer von Reschen. Kurz darauf war das Läuten der Totenglocke zu hören. Das hatte der Pfarrer veranlasst. Zudem ließ er für Salome auf dem Friedhof ein Grab öffnen, an einem schönen, sonnigen Platz.

Dann, am Tag der Beerdigung, wurde Salome nach Reschen getragen. Zuerst war der Trauerzug nur klein, aber unterwegs schlossen sich immer mehr Leute an. Die Saligen, die sich wieder in Tauben verwandelt hatten, flogen mit und freuten sich darüber, dass so viele Leute Salome das letzte Geleit gaben. Der Tischler war gekommen, der Schmied, die Hebamme, die junge Weberin, selbst ganze Familien waren dabei. Sie kamen von den umliegenden Weilern und aus den Dörfern. Sie beteten für Salome und wünschten ihr ebenfalls eine gute Reise. Sie hatte unendlich viel für sie getan. Dafür dankten sie ihr noch einmal aus tiefstem Herzen.

Das freute die Saligen ebenfalls. Sehr sogar. Salome mag zwar eine Eigenbrötlerin gewesen sein, aber die Anteilnahme der Leute zeigte, dass sie doch zu ihnen gehört hatte. Viel mehr, als ihr selbst wohl bewusst gewesen war.

# Der Lauterfresser

Er stammte aus Tschötsch bei Brixen und war von Beruf Wanderhändler. Sein Geld verdiente er sich auch als Astrologe oder – aber nur, wenn es sein musste – als Gelegenheitsarbeiter.

Und noch etwas: Der Lauterfresser konnte zaubern. Verboten war das freilich, strengstens verboten sogar. Aber gerade das machte es für ihn so spannend.

So spannend? Herrschaftszeiten, hatte dieser Mann denn keine Angst, erwischt zu werden?

Angst, der Lauterfresser? Nie und nimmer! Ein gewitzter Kerl wie er wand sich doch überall heraus.

Einmal war er in Richtung St. Andrä unterwegs, mit seinem Tragekorb, in dem sich allerhand Krimskrams befand. Weil er keine Eile hatte, stellte er den Tragekorb hin und sonnte sich behaglich in einer Wiese. Schließlich fand er, dass es Zeit für einen Imbiss war.

„Ab ins Paradies", sagte er, verwandelte sich mit einem Zauberspruch in eine Fliege, flog nach St. Andrä und schlüpfte dort durch ein offenes Fenster in die Milchkammer des Gasserhofs. Dort gab es herrlich kühle Milch und cremigen Rahm ... Klar, der Lauterfresser hätte diese Köstlichkeiten auch vorhin auf der Wiese herbeizaubern können, mit links. Aber wo wäre da der Spaß geblieben?

So ließ er es sich in der Milchkammer schmecken, er schlürfte und schmatzte.

Plötzlich kam die Gasserbäuerin herein, entdeckte die Fliege und schlug nach ihr.

„Abgefehlt, abgefehlt", surrte der Lauterfresser frech und schwirrte um die Gasserin herum. Auf einmal machte es patsch, er lag am Boden, und die Gasserin wollte ihm den Garaus machen. Da half nur eines: Er verwandelte sich schnellstens in seine Menschengestalt zurück. „So was von grantig!", maulte er, drückte sich an der verdutzten Gasserin vorbei und humpelte aus dem Haus. Sein rechtes Bein war verstaucht. Das ließ sich aber beheben, mit einem weiteren Zauberspruch. Ganz leicht ging das.

Als der Lauterfresser wieder einmal Hunger hatte, suchte er eine Bäuerin auf, die er seit Jahren kannte. Anders als die Gasserin freute sie sich, ihn zu sehen. Beim letzten Besuch hatte er ihr nämlich schönes Wetter herbeigezaubert, für die Heuernte. Auch dieses Mal hatte sie einen Wunsch. Ihre Hennen waren alt und legten kaum noch Eier.

„Da hast du doch eine Lösung, nicht wahr?", meinte sie. „Ich koch dir auch ein gutes Milchmus dafür. Oder möchtest du etwas anderes Weiches, Flüssiges?"

„Milchmus passt immer", antwortete er und scherzte: „Lauteres dem Lauterfresser, dann arbeitet er flotter und besser."

Danach begab er sich zum Hühnerstall, richtete seinen Blick nach Tschötsch und machte ein Zauberzeichen. Gleich darauf rauschte es in der Luft, und junge Hennen kamen angeflattert, genauso viele wie alte im Hühnerstall waren. Sie setzten sich in die Nester, und schon ging's mit dem Eierlegen los. Dass die Hennen nun auf einem Hof in Tschötsch fehlten, das tat dem Lauterfresser nicht weh. Mit den Eiern konnte die Bäuerin ihm noch süßen Brei machen. Die Nachspeise, hmh!

Satt bis oben hin zog er weiter und tat auch künftig das, was er am liebsten tat: in den Tag hineinleben. Und zaubern. Wurde er von den Leuten gut behandelt, schnipste er für sie zum Spaß im Sommer ein Schneegestöber herbei. Einem

Bauern, bei dem er manchmal übernachten durfte, hexte er ein Pferd in den Stall. Einem Töpfer, der eine große Familie zu ernähren hatte, schenkte er ein Kalb, das dann halt anderswo fehlte.

Der Lauterfresser konnte aber auch anders. Als ihm der Müller von St. Vigil unterhalb von Seis kein Essen geben wollte, zauberte er ihm kurzerhand Ratten und Mäuse in die Mühle. Einem Holzhändler, der ihn beleidigt hatte, warf er mit seinen magischen Kräften die Fuhrwerke um. Und in Vintl beschwor er mit seiner Wettermacherei einen Dorfstreit herauf und kassierte für dieses Schurkenstück auch noch ordentlich ab.

Diese Sachen sprachen sich natürlich herum und kamen auch der Obrigkeit zu Ohren. Bald waren die Gerichtsdiener hinter dem Lauterfresser, diesem Spitzbuben, her. Wegen Betrugs, Diebstahls und Nichteinhaltung des Zaubereiverbots. Letzteres bedeutete Höchststrafe, und Höchststrafe bedeutete – oha! – Scheiterhaufen. Was den Gesuchten gar nicht störte. Wieso auch?

Er hatte ein Geheimrezept. Er konnte sich unsichtbar machen, wenn er Erde anfasste. So entschlüpfte er den Gerichtsdienern gleich mehrfach und lachte. Gewitzt musste man eben sein. Darauf kam es an.

Das Geheimrezept ließ den Lauterfresser allerdings unvorsichtig werden. Eines Tages stahl er bei Rodeneck im Pustertal ungeniert Nüsse und aß sie in einer Höhle auf. Man hatte ihn aber beobachtet, und nun rückten die Gerichtsdiener an, mit einem Kupferkessel. Da steckten sie den Spitzbuben hinein, Deckel drauf, und ab ging's, in den Kerker. Mit Erdeanfassen war jetzt nichts mehr. Sich in eine Fliege verwandeln oder sich anderweitig herauswinden, damit war es auch vorbei – weil die Gerichtsdiener gut aufpassten. Der Lauterfresser hatte sie wohl unterschätzt; eine schöne Pleite war das. Sie bedeutete ... richtig: Scheiterhaufen. Was für eine betrübliche Aussicht.

Betrüblich? Ach was, doch nicht für den Lauterfresser. So ein Feuerchen tat ihm doch nicht weh. Wegen der Zauberei würde er ohnehin in der Hölle schmoren, früher oder später. Ein Feuerchen auf oder ab, bitte, wo war denn da der Unterschied?

Deshalb blieb der Lauterfresser heiter und war es auch dann, als man ihn zum Scheiterhaufen führte. Er unterhielt die Schaulustigen sogar und behauptete im Scherz, dass das ein heißer Tag würde.

Und tatsächlich, heiß wurde es noch. So heiß, dass vom Zauberer Lauterfresser nur noch ein Häufchen Asche übrig blieb.

# Der Saltner erlöst die Jungfrau

Es war eine Vollmondnacht. An den Hängen von Kurtatsch machte ein Weinberghüter, ein sogenannter Saltner, seinen Rundgang. Das war wegen der Traubendiebe. Manche wollten nur kosten, doch manche räumten die Weinreben richtig ab. Da hieß es aufpassen, rund um die Uhr.

Der Weg führte den Saltner hügelauf, hügelab. Es war überall ruhig, aber dann schob sich eine Wolkenbank vor den Mond, in den Weinbergen wurde es finster, und der Saltner merkte, dass er, ach je, seine Laterne daheim vergessen hatte. Dabei hatte seine Frau sie ihm hergerichtet, zusammen mit seinem Saltnerstock, dem Saltnermesser und dem Saltnergewand.

„Ohne meine Mathilde würde ich den Kopf wohl auch daheim lassen", murmelte er und setzte sich auf eine Steintreppe. Hoffentlich zog die Wolke bald weiter. Hoffentlich blieben die Traubendiebe aus.

Im Dorf schlug die Kirchturmuhr elf, aber der Saltner saß immer noch da. So war es auch um Viertel nach elf.

Um halb zwölf aber sprang er jäh auf. Eine Stimme war laut geworden. Sie fragte aus der Dunkelheit heraus: „Wie wär's mit einer Prise Schnupftabak? Zur Stärkung. Die wirst du um Mitternacht brauchen."

Der Saltner war keiner, der schnell Angst kriegte, aber dieses unerwartete Angebot ... „Herrschaftszeiten!", rief er, „wer ist denn da? Zeig dich, los!"

Daraufhin raschelte es im Holunderstrauch, der neben der Steintreppe stand, und eine Gestalt trat heraus. Sie war finster wie die Nacht selbst. Zum Glück zog die Wolkenbank jetzt weiter, sodass der Saltner wieder etwas sah. Und was sah er? Oh weh, einen Mann im Jägergewand. Einen mit Bocksfüßen und einer Hahnenfeder auf dem Hut. Du heiliger Birnbaum, das war der Teufel, eindeutig!

Der Saltner versuchte trotzdem ruhig zu bleiben, nahm vom Schnupftabak und fragte zwischen Niesen und Schnäuzen: „Wozu soll die Stärkung noch mal gut sein?"

„Weil um Schlag zwölf ein Wurm auf dich losgehen wird, eine riesige Schlange", antwortete der Teufel, der fürchterlich nach Schwefel stank. „Sie wird sich um deinen Leib winden und dir den Speichel aus dem Mund saugen. Aber hab keine Angst und lass sie machen. Dafür wirst du nämlich reich belohnt."

Der Saltner hatte genug gehört. „Reich belohnt wirst schon du!", rief er und schlug mit dem Stock nach dem Teufel.

Mit Gegenwehr hatte der nicht gerechnet. Er fluchte wüst, sprang davon wie ein Geißbock, und der Saltner rief ihm noch nach: „Ja, hau ab! Das will ich dir auch raten! Verzieh dich in deinen Höllenschlund, du ekelhafter Stinkstiefel!"

Danach setzte er schleunigst seinen Rundgang fort, mit Vorsicht natürlich. In der Linken hielt er den Stock, in der Rechten das Messer. Für den Fall, dass der Teufel wiederkommen sollte. An den besagten Wurm hingegen, nein, an den glaubte der Saltner nicht. Er bewachte die Weinberge seit Jahren. In dieser Zeit hatte er viele Schlangen gesehen, doch keine war dicker als sein Handgelenk gewesen.

Aber ein Sprichwort sagt: Unverhofft kommt oft. Und es kam, das Unverhoffte. Um Mitternacht wurde mit dem ersten Glockenschlag ein fürchterliches Zischen laut, ein Schatten schoss heran, und – Grundgütiger! – es gab sie doch, die Riesenschlange. Im Nu rollte sie sich dem Saltner um den Leib und schob ihre abscheuliche Zunge zu seinem Mund hin. Sss, sss.

Jeder andere wäre vor Schreck erstarrt. Jeder andere hätte sich an den Rat des Teufels gehalten, wegen der Belohnung. Aber nicht der Saltner. „Du Satansbraten, du denkst wohl, mich graust vor gar nichts?", maulte er, holte mit dem Messer aus und stach zu, so oft, bis die Schlange ihren Griff lockerte und zu Boden fiel.

Aber was war das? Ein Rufen? Kam das etwa aus dem Schlangenbauch?

Der Saltner hörte genauer hin. Tatsächlich, jemand rief um Hilfe!

„Ziemlich viel los diese Nacht", bemerkte er und schnitt die Schlange auf. Und machte große Augen, denn im Schlangenbauch war eine junge Frau.

„Endlich bin ich frei!", rief sie, schlüpfte heraus und sah sich ängstlich um.

„Alles ist gut. Du bist in Sicherheit", sagte der Saltner mit einem beruhigenden Ton in der Stimme. „Aber wie bist du nur in die Schlange gekommen?"

Das wusste die Frau nicht. Sie war ziemlich verwirrt. Auch wollte sie heim zu ihrer Familie.

„Hast recht", sagte der Saltner. „Die machen sich bestimmt Sorgen um dich."

Er wünschte der jungen Frau alles Gute, und sie wünschte ihm das auch. Sie umarmte ihn zum Abschied und dankte ihm. „Das vergesse ich dir nie. Ich werde immer an dich denken. Mein ganzes Leben lang."

Der Saltner winkte ihr, danach setze er seinen Rundgang fort, der dieses Mal ohne Zwischenfälle verlief. Kein Teufel, keine Schlange, keine Traubendiebe, keine Wolkenbank, nichts. Fast konnte man gar nicht mehr von Rundgang reden. Das Wort Spaziergang hätte es wohl eher getroffen.

Als der Saltner am Morgen abgelöst wurde, ging er heim und erzählte Mathilde, was geschehen war. Plötzlich merkte er, dass in seiner rechten Hosentasche Münzen waren. „Jetzt schlägt's aber dreizehn, von wem sind denn die?", rief er und kannte auch schon die Antwort.

Das Geld kam von der jungen Frau. Das war ihr Dank. Sie hatte doch gesagt, dass sie an ihn denken würde, und das tat sie offensichtlich. Wie schön!

Schön war aber auch das, was der Saltner tat. Er nahm seine Frau an die Hand, führte sie ins Dorf und kaufte für sie beim Schuster ein Paar gute Schuhe. Solche mit Spangen, die hatte sie sich schon lange gewünscht.

Wie Mathilde strahlte. Und wie froh den Saltner ihr Strahlen machte. Du lieber Himmel, was für ein Tag!

Und er sollte noch besser werden.

Kurz darauf, als die beiden wieder zu Hause waren, zählten sie das übrig gebliebene Geld. Sie zählten es zwei- und dreimal und kamen stets zum selben Ergebnis: Es waren genauso viele Münzen übriggeblieben, wie der Saltner am Morgen in seiner Hosentasche vorgefunden hatte. Mathilde und er konnten sogar zwei Kühe kaufen, trotzdem wurde das Geld nicht weniger. Also hatte die junge Frau das, was sie gesagt hatte, wortwörtlich gemeint. Dass sie immer an den Saltner denken würde. Ihr ganzes Leben lang.

# Die bleichen Berge

In den südlichen Alpen, genauer gesagt in den Dolomiten, war einmal ein Königreich. Die Berge dieses Reichs bestanden aus dunklem Gestein, aus fast schwarzen Felsen, was eigentlich niemanden störte. Nur der Prinz tat sich schwer damit. So trug er eine große Sehnsucht in sich. Sie zog ihn nachts hinaus ins Mondlicht, in diesen wunderbaren silbernen Schimmer, der ihn beflügelte und seine Spaziergänge immer länger werden ließ.

Bei einem dieser Spaziergänge wurde der Prinz müde und schlief inmitten von Alpenrosen ein. Bei Tagesanbruch erwachte er, pflückte einen Strauß und wollte gerade nach Hause gehen, als ihm zwei Mondleute begegneten. Sie waren im Begriff heimzureisen und luden ihn ein mitzukommen. Und was tat der Prinz? Er sagte zu. Etwas anderes kam für ihn gar nicht infrage.

Kurz darauf war er auf dem Mond, wo alles im silbernen Licht erstrahlte: Häuser mit kunstvoll verzierten Fassaden, märchenhafte Parks und Pflanzen, die fast wie Glas aussahen. Schade nur, dass das Licht die Augen des Prinzen anstrengte.

„Das ist bei euch Menschen so“, erklärte man ihm. „Deswegen kannst du nicht allzu lange hierbleiben, sonst erblindest du.“

Der Prinz machte das Beste daraus und schätzte die Zeit, die ihm auf dem Mond verblieb, umso mehr. Aber auch er wurde geschätzt. Er wurde sogar der Mondkönigin und dem Mondkönig vorgestellt. Die wiederum machten ihn mit ihrer Tochter bekannt, der er die Alpenrosen schenkte. Die Prinzessin bewunderte ihre purpurroten Blüten und war auch vom Prinzen fasziniert. Der fühlte wie sie, und so wurden die beiden ein Paar.

Doch bald trat das Unvermeidliche ein: Das silberne Licht begann die Augen des Prinzen zu schädigen und zwang ihn dazu, nach Hause zurückzukehren. Die Prinzessin begleitete ihn. Obwohl, nun war sie in Gefahr – Mondleute wurden auf der Erde mit der Zeit so schwermütig, sodass die einzige Rettung die Heimreise war. Deshalb nahm die Prinzessin eine Mondblume mit, ein Edelweiß. Sein silberner Schimmer sollte sie vor der Schwermut bewahren.

Auf der Erde heilten die Augen des Prinzen; der Prinzessin ging es zunächst auch gut, und es hatte den Anschein, als würde die Schwermut ausbleiben. Aber leider, auch dieses Mal trat das Unvermeidliche ein. Die Schwermut drückte ihr allmählich aufs Gemüt, und das dunkle Gestein der Dolomiten ließ sie tieftraurig werden. Dagegen kam niemand an. Nicht sie, nicht das Edelweiß und auch nicht der Prinz, der sie pflegte und um ihr Leben bangte.

„Du darfst nicht sterben. Du musst nach Hause!“, sagte er, umarmte sie und weinte.

Die Prinzessin schüttelte den Kopf; sie wollte nicht gehen. Doch sie hatte keine Wahl. Sie schenkte dem Prinzen ihr Edelweiß als Erinnerung. Dann kehrte sie zum Mond zurück.

Dort wurde sie wieder gesund, aber ohne ihren Liebsten – was war denn das für ein Leben? Der Prinz verzweifelte auch. Um der Prinzessin wenigstens etwas näher sein können, zog er hoch hinauf ins Gebirge, mitsamt dem Edelweiß.

Eines Tages entschloss er sich, das Edelweiß auszusetzen. Während er das tat, fragte plötzlich jemand, was er da mache. Es war ein kleiner Mann, ein Zwergenkönig. Der Prinz erklärte es ihm, fasste schließlich Vertrauen und klagte ihm sein Leid.

Weil den Zwergenkönig aber auch etwas quälte, begann er ebenfalls zu erzählen: „Mein Volk hat seine Heimat verloren. Ich suche einen Ort, an dem es bleiben kann. Wir sind Salvans, friedliche Waldleute. Trotzdem will uns niemand haben."

Das tat dem Prinzen leid. Er dachte, dass es für die Salvans doch eine Lösung geben müsse, und so begann er zu überlegen.

Der Zwergenkönig wiederum hoffte, für das junge Paar einen Weg zu finden, also überlegte auch er.

Die beiden grübelten und grübelten, aber umsonst.

Die beiden überlegten noch einmal.

Plötzlich riefen sie wie aus einem Munde: „Grundgütiger, das ist es!"

Begeistert steckten sie die Köpfe zusammen, besprachen das, was zu besprechen war, und schlossen einen Handel ab, den sie mit einem Handschlag und einer Umarmung bekräftigten.

„Ans Werk", sagte der Zwergenkönig dann und brach auf, um sein Volk zu holen.

Gegen Abend war er zurück, machte seine Leute mit dem Prinzen bekannt und bat sie anschließend, mit der Arbeit zu beginnen, was sie auch taten.

Aber welche Arbeit war das?

Tja, es war eine wirklich, wirklich fabelhafte Arbeit: Die Salvans erfassten mit ihren kleinen Fingern das Mondlicht, drehten daraus geschickt Fäden und umwoben damit das Gestein der Dolomiten, sodass die dunkle Färbung verschwand.

Man kann sich vorstellen, wie das den Prinzen freute. „Die Gipfel, die Felswände, die Schutthalden, alles ist hell!", jubelte er. „Die Schwermut kann meiner Liebsten nichts mehr anhaben! Jetzt kann ich sie zu mir holen."

Gesagt, getan. Er reiste zum Mond, kam mit der Prinzessin wieder, stellte sie den Salvans vor und dankte ihnen tausendmal für das, was sie getan hatten. Dann bat er die Waldleute, ihm zu folgen, ging mit der Prinzessin voraus und erfüllte nun seinen Teil des Handels: Er führte die Salvans zu einem der schönsten Flecken, die es im ganzen Königreich gab, in die Wälder der ladinischen Täler.

Dort lebten die Waldleute fortan. Unter seinem Schutz und unter dem der Mondprinzessin, die seine Frau wurde und die Dolomiten liebevoll „die bleichen Berge" nannte.

# Die Stadt am Tartscher Bühel

In der kleinen Stadt auf dem Tartscher Bühel im Obervinschgau wurde Fasching gefeiert. In den Gassen war ein wildes Treiben, und genauso ging es im Wirtshaus zu. Es wurde gezecht und gelärmt. Nur in den Nischen war es leiser; dort kicherten Liebespaare.

„Trinkt, ihr seid eingeladen!", rief ein Viehhändler, der soeben in die Gaststube getreten war und für alle Wein bestellt hatte.

„Oha, spendabel heute?", kam es zurück.

„Freilich. Ich hab beim Würfelspiel einen Ochsen gewonnen. Das muss begossen werden."

„Einen Ochsen?", hieß es nun, und alle lachten. „Ausgerechnet du. Wo du doch den Stall voller solcher Viecher hast."

Danach prostete man sich zu, und weitere Runden Wein wurden bestellt. Aber wie es halt ist, wenn die Leute zu tief ins Glas schauen: Die einen dösen weg oder fallen unter den Tisch, die anderen wiederum verlieren jedes Maß. Und der Viehhändler, der gehörte zur zweiten Sorte. Gegen Mitternacht zahlte er beim Wirt und grölte über die Tische hinweg: „Auf geht's, Herrschaften! Jetzt bringen wir meinem Ochsen das Hüpfen bei. Das wird ein Spaß."

Mit diesen Worten schwankte er aus der Gaststube, gefolgt von ein paar Freunden. Mit gemeinsamen Kräften holten sie den Ochsen aus dem Stall, banden ihn an einen Pfosten, drangsalierten und quälten das arme Tier. „Spring!", riefen sie dabei. „Du sollst hüpfen. Oder einen Walzer tanzen, eins, zwei, drei, eins, zwei drei."

Dieser Lärm lockte weitere Leute an. Sie hätten die Unmenschen aufhalten können. Aber nichts da, sie feuerten sie noch an. Das Klagen des Ochsen stieg zum Himmel empor, der pechschwarz wurde.

In dem Trubel merkte niemand, dass Wind aufkam, dass ein Zittern den Tartscher Bühel erfasste, mit jedem Klagelaut des Ochsen wurde es mehr. Mit einem Mal aber wurden aus dem Wind ein Sturm und aus dem Zittern ein Beben. Dann taten sich in der Erde Risse auf; die kleine Stadt versank darin und wurde zugeschüttet.

Als man in den umliegenden Dörfern sah, was geschehen war, bekreuzigte man sich und sagte: „Dieser Ort ist verflucht. Das zügellose Leben da oben – das Beben ist die Strafe. Macht bloß einen Bogen um den Bühel, sonst seid ihr verloren!" So ging die Rede, und alle hielten sich daran.

Mit der Zeit aber wurde der Bühel wieder grün, Kräuter verströmten einen würzigen Duft. Dem konnte eine Schafherde nicht widerstehen. Die Tiere rissen aus und begannen auf dem Tartscher Bühel zu grasen. Die Hirtenbuben Heiner und Albert dachten schon, es sei um die Schafe geschehen, aber nichts geschah. Da schauten die beiden genauso schräg drein, wie die Bäume im Obervinschgau am Wegrand stehen. War dieser Ort etwa doch nicht verflucht?

Die Neugier der beiden war geweckt. Sie gingen auch auf den Bühel, begleitet vom Hirtenhund, der neben ihnen herlief und in der Erde einen Spalt entdeckte. In diesen Spalt schauten die Buben nun hinein und sahen das Innere eines Hauses.

„He", sagte Heiner und stieß Albert mit dem Ellenbogen an. „Die von der versunkenen Stadt sollen ja richtig viel Zaster gehabt haben."

„Ja, sollen sie. Vielleicht findet sich noch was", antwortete Albert. „Schau uns doch an. Löchrige Klamotten, ausgetretene Schuhe. Ein bisschen Reichtum könnte uns nicht schaden."

Heiner meinte das auch, also trugen die beiden dem Hund auf, bei den Schafen zu bleiben. Dann stiegen sie in das Haus ein. Wie sich herausstellte, war es ein Wirtshaus. Über eine Treppe gelangten die Buben in die Gaststube. Dort erkannten sie im spärlichen Licht, das von oben herabfiel, Tote. Uah, Tote saßen an den Tischen, ehemalige Gäste! Ihre Kleider waren halb vermodert, darunter zeichneten sich die Knochen ab. Kein schöner Anblick, wirklich.

Die Buben gingen trotzdem weiter. Sie hatten etwas gesehen: den toten Wirt – er hatte Münzen in der Hand.

„Wahnsinn, die sind aus Gold!", flüsterte Heiner, als er vor dem Wirt stand.

Schon beugte er sich nach vorn und griff nach den Münzen, aber kaum hatte er sie berührt – nur berührt, nicht mehr! – kaum hatte er das getan, schwankte der Wirt, fiel auf Heiner drauf und zerbrach.

„Teufel noch mal!", schrie der Bub und schüttelte den Wirt ab.

Aber der Schrei, oh je, er ließ auch die anderen Toten zerfallen. Schädel stürzten zu Boden, Kleider rissen, Schulterblätter, Rippen, Kniescheiben, Wadenbeine, alles zerschellte auf den Steinplatten. Es war ein höllisches Konzert. Ein Grauen, das auch Albert aufschreien ließ.

Entsetzt machten die Buben kehrt und stolperten die Treppe hinauf, die jetzt endlos zu sein schien.

Vom Dachboden aus gelangten die beiden ins Freie, wo sie in heller Aufregung die Schafe zusammentrieben und sie mit dem Hund den Hügel hinabscheuchten. Nie mehr würden die Buben einen Fuß daraufsetzen. Von nun an würden sie mit den Schafen einen riesigen Bogen um den Tartscher Bühel machen, so viel war sicher.

Und die Goldmünzen? Reute es die Buben denn nicht, dass sie ihnen entgangen waren?

Nein, kein bisschen.

Und was war mit ihren löchrigen Klamotten und ausgetretenen Schuhen?

Och, damit waren die beiden wieder zufrieden. Jetzt wussten sie es nämlich besser: Der Tartscher Bühel war tatsächlich verflucht, und deswegen hätten ihnen die Goldmünzen nur Unglück gebracht.

Wie gesagt, das wussten Heiner und Albert jetzt. Was sie aber nicht wussten: Die Goldmünzen waren die, mit denen der Viehhändler beim Wirt den Wein bezahlt hatte, damals, in der Nacht, in der die kleine Stadt untergegangen war. Wegen diesem Unmenschen. Und wegen der anderen, die den Ochsen gequält hatten.

WIRTSHAUS

# Jutta von Braunsberg

Es war früh am Morgen. Ein kalter Wind fuhr um Schloss Braunsberg bei Lana und wehte Schnee von der Seite der Gaulschlucht her.

„Nicht gerade einladend, unser Reisewetter", sagte Ritter von Braunsberg, der mit seinen Begleitern im Hof die Pferde sattelte und seine Knechte dann anwies, Mäntel zu bringen. Dabei sprach er wie einer, der das Befehlen gewohnt war, ließ es aber nicht am nötigen Respekt fehlen.

Anders der Vogt, sein neuer Verwalter. Er schnauzte die Knechte regelrecht an. „Das geht auch schneller! Holt den Proviant! Und was ist mit den Rüstungen?"

Der Verwalter kanzelte auch die Wachen ab. „Zum Henker, wo bleiben die Waffen? Mit bloßen Händen wird der Ritter im Heiligen Land keine Schlacht gewinnen!"

Die Bediensteten taten gewissenhaft, was er ihnen aufgetragen hatte, trotzdem zeterte er weiter. Selbst Jutta, die Frau des Ritters, hörte ihn, dabei war sie im Schloss, im Saal, wo sie die Tafel deckte.

„Was für ein Ton!", murmelte sie, schaute aus dem Fenster und sah den Verwalter, der sich mittlerweile an ihren Mann gewandt hatte. Ihm gegenüber war er allerdings freundlich, übertrieben freundlich sogar, weswegen Jutta die Augen verdrehte. Sie hatte ihrem Mann schon gesagt, dass sie dem Verwalter nicht traute. Sie hatte ihrem Mann auch gesagt, dass sie das Anwesen selbst leiten wollte, während er im Heiligen Land war. Das hatte er abgelehnt, leider. Jetzt hatte sie den Verwalter am Hals, und ihr Mann ritt in die Ferne. Der Papst hatte zu einem Kreuzzug aufgerufen. Es würde viel Zeit vergehen, bis der Ritter wieder heimkam. Wenn er überhaupt wiederkam.

„Kreuzzüge, Kriege, schrecklich!", sagte Jutta und ging in die Küche, um mit den Mägden Brot und Schinken in den Saal zu tragen. Der Ritter und seine Begleiter wollten sich stärken, bevor sie aufbrachen.

Kurz darauf setzten sich die Männer an die Tafel und aßen. Danach nahm der Ritter den Verwalter beiseite und sagte leise: „Passt auf meine Frau auf. Ihr wisst schon, sie ist jung und bildhübsch."

Der Verwalter verstand gleich. Er versprach, auf sie achtzugeben, wofür der Ritter ihm dankte.

Danach hieß es für ihn und Jutta Abschied nehmen.

„Komm heil wieder", sagte sie und drückte ihn an sich. Wie gern hätte sie ihm gesagt, dass sie Angst um ihn hatte, dass er hierbleiben sollte, bei ihr. Aber sie schwieg, denn ihr Mann war ein Abenteurer. Niemand konnte ihn aufhalten, auch sie nicht.

Ein anderer Mann war aber auch nicht aufzuhalten. Kaum war der Ritter fort, strich der Verwalter um Jutta herum wie ein Kater und schnurrte: „Kann ich etwas für Euch tun, Verehrte? Jetzt, wo Ihr alleine seid."

Jutta schüttelte entschieden den Kopf. „Ich bin nicht allein. Da sind die Bediensteten. Und langweilig ist mir auch nicht, wenn Ihr das meint."

Der Verwalter ließ sich von ihren Worten nicht beeindrucken. „Ihr seid unvergleichlich schön", schmeichelte er. „Genauso schön könnten wir es miteinander haben."

Jetzt reichte es Jutta. „Reißt Euch gefälligst zusammen, ich bin eine verheiratete Frau!", rief sie und war überzeugt, dass ihm das eine Lehre sein würde.

Und, war es das? Von wegen. Ständig belästigte er sie. Wenn sie am Ofen stickte. Wenn sie im Obstanger zu tun hatte. Wenn sie ihr Pferd versorgte. Eines Nachts lockte er sie sogar aus dem Schlafzimmer und raunte ihr ins Ohr: „Seid nicht so abweisend, meine Liebe. Kreuzzüge sind hart. Die wochenlange Reise zu Pferde, die mörderischen Kämpfe im Heiligen Land, die Krankheiten. Glaubt mir, Ihr seht Euren Mann nie wieder und braucht meinen Trost ..."

Weiter kam er nicht, denn Jutta hatte ihm eine Ohrfeige verpasst und drohte ihm: „Wenn der Ritter zurück ist, sage ich ihm, was Ihr für einer seid!"

Das wirkte. Und wie. Der Verwalter entschuldigte sich und ließ sie künftig in Ruhe. Trotzdem war sie auf der Hut und trug nun stets einen Dolch bei sich.

Die Tage vergingen, die Wochen, die Monate. Irgendwann wurde bekannt, dass im Heiligen Land viele Kreuzfahrer umgekommen waren. Jutta war entsetzt. Ist mein Mann auch dabei, fragte sie sich, und diese Frage kam immer wieder.

Schließlich hielt Jutta es nicht mehr aus; sie sattelte ihr Pferd und ritt in den Wald zu einer Lichtung, wo sie mit dem Ritter oft gewesen war. Dort setzte sie sich ins Gras und verzweifelte fast. Nach einer Weile fing sie sich wieder und begann, Vergissmeinnicht zu pflücken. Wie zart diese Blüten doch waren. Und diese Farbe. Hellblau, Himmelblau.

Jutta sah auch Margeriten, aber plötzlich war jemand hinter ihr und riss sie zu Boden. Der Verwalter! Er war ihr heimlich gefolgt. Er presste seinen Körper an den ihren und tönte: „Ich bin's, Süße! Jetzt gehört Ihr mir."

Einen Augenblick lang war Jutta wie gelähmt, der kleine Strauß fiel ihr aus der Hand. Aber dann setzte sie sich zur Wehr und rang mit dem Verwalter, der allerdings nur lachte und sie zu küssen versuchte.

„Seid Ihr verrückt?", rief Jutta, bekam ihren Dolch zu fassen und hielt dem Verwalter die Klinge an den Hals. „Lasst mich, oder Ihr seid tot!"

Damit hatte er nicht gerechnet. „In drei Teufels Namen!", schrie er, ließ Jutta los und war mit einem Ruck auf den Beinen. „Das wirst du büßen, ich schwör's dir!", brüllte er noch und rannte wutentbrannt davon.

Zurück blieb Jutta, die für den Verwalter nur ein einziges Wort übrig hatte: Widerling! Dieses Mal war sie davongekommen. Aber seine Rache war ihr sicher, das wusste sie genau.

Von nun an war die Angst ihre ständige Begleiterin. Jutta ging nur mehr in den Obstanger, wenn Mägde dort waren. Das Pferd ließ sie von den Knechten versorgen, und wenn sie allein in den Keller oder in die Vorratskammer musste, begann ihr Puls zu rasen.

Wie groß war da die Erleichterung, als Männer im Schlosshof die Pferde zügelten und Ritter von Braunsberg aus dem Sattel sprang, verschwitzt und in staubigen Kleidern, aber gesund und unverletzt.

„Du bist es! Du bist es wirklich!", rief Jutta, breitete ihre Arme aus und lief ihm entgegen.

Doch der Verwalter, dieser ekelhafte Kerl, drängte sich dazwischen, hieß den Ritter mit überschwänglichen Worten willkommen und behauptete, dass er ihm Wichtiges zu berichten

hätte. Das tat er dann auch, im Flüsterton, wobei er mehrmals auf Jutta zeigte.

„Was? Das darf doch nicht wahr sein!", rief der Ritter auf einmal, drehte sich zu ihr hin und hatte etwas ganz und gar Wildes in seinen Augen. „Du sündhaftes Weib! Ich setze in der Ferne mein Leben aufs Spiel und du betrügst mich unterdessen!"

Juttas Mundwinkel sackten ab, ihr Gesicht wurde leintuchweiß. „Um Himmels willen, der Verwalter lügt. Ich weiß auch, warum. Er will sich an mir ..."

Der Ritter unterbrach sie eiskalt. „Sei still, Ehebrecherin!"

In seiner Wut überlegte er nicht, hinterfragte nichts. Stattdessen befahl er den Wachen, Jutta ins Verlies zu werfen, was sie auch tun wollten, doch sie floh ins Schloss und hastete durch die Gänge. Aber sie wurde verfolgt. Die Wachen, der Ritter, der Verwalter ...

In ihrer Verzweiflung lief sie in einen Turm und stellte sich dort auf das Fensterbrett. Kaum betraten ihre Verfolger den Raum, schleuderte sie dem Ritter diese Worte entgegen: „Ich bin keine Ehebrecherin! Der Verbrecher ist an deiner Seite, aber du bist ja blind! Ich lass mich nicht einsperren, nicht für etwas, das ich nicht getan habe. Lieber sterbe ich!" Dann schickte sie ein Stoßgebet zum Himmel und sprang. Unter ihr waren die Gaulschlucht und der Bach. Und in ihr drin war ein Sturm. Er tobte, riss alles mit.

Jutta spürte nicht mehr, wie sie in die Falschauer stürzte, die Hochwasser führte. Sie spürte auch nicht, wie die Wellen über ihr zusammenschlugen, sie mitrissen und ein paar Hundert Meter weiter ans Ufer schoben. Dort blieb sie reglos liegen, und der Himmel war nun wohl ihre neue Heimat.

Nein, Jutta war nicht im Himmel. Da war Leben in ihr. Sie bewegte ihre Arme und Beine und begriff es nur allmählich: Nichts war gebrochen, nicht einen Kratzer hatte sie. Wie war das möglich? Hatte das mit ihrem Stoßgebet zu tun? Was hatte sie gerufen? Heiliger Himmel, hilf mir. Genau. Diese Bitte war erhört worden. Ihr war ein zweites Leben geschenkt worden. Ein Wunder war geschehen.

Aber – und jetzt kam das große Aber – was sollte Jutta mit diesem Leben anfangen? Sie könnte flüchten, denn ihr Mann wusste nicht, dass es sie noch gab. Aber flüchten, nein, das wollte sie nicht. Wohin auch? Also stieg sie die steinige Böschung hinauf, schlug den schmalen, in den Felsen gehauenen Weg zum Schloss ein und stellte sich dem Ritter.

„Du lebst?", fragte der und konnte kaum fassen, was er sah.

Jutta nickte, energisch, zornig. „Glaubst du mir jetzt, dass ich unschuldig bin? Immerhin hat der Himmel mich gerettet."

Der Ritter glaubte ihr. Alle glaubten ihr, seine Begleiter, die Mägde, die Knechte ... Und der Verwalter, was war mit dem? Nun, er war entlarvt, dieser schamlose Lügner. Das Wunder hatte ihn entlarvt. Doch wo war er?

„Sucht ihn!", rief der Ritter den Wachen zu, die den Verwalter auch schon entdeckten. Er wollte fliehen, rannte durch das Tor und von dort in den Obstanger, mit der Absicht, im Wald unterzutauchen.

„Schnell!", riefen die Wachen und stürmten los.

Im Anger schwärmten sie aus, sodass der Verwalter die Richtung wechseln musste und am Rand der Gaulschlucht nicht mehr weiterkam. Ob er sich ergeben wollte? Vielleicht. Ob er versuchen wollte, die Reihe der Wachen, die ihm auf den Fersen war, zu durchbrechen? Wer weiß. Klar war nur, dass der Verwalter eine unglückliche Bewegung machte; dabei kam er aus dem Gleichgewicht, stürzte mit einem Aufschrei in die Tiefe und war verloren.

Als Jutta und ihr Mann das erfuhren, standen sie da, verwirrt und verstört von den sich überschlagenden Ereignissen.

„Wenn ich dir geglaubt hätte, bereits vor dem Kreuzzug, als ich den Verwalter angestellt habe, dann wäre das alles nicht passiert", sagte der Ritter. „Wenn ich dir wenigstens vorhin geglaubt hätte, bevor du vom Turm ge... Du meine Güte, ich kann es gar nicht aussprechen. Ich bin wirklich blind gewesen! Blind, dumm und eifersüchtig!"

Mit diesen Worten fiel er vor Jutta auf die Knie, bat sie um Verzeihung und war so beschämt, dass er über seine eigenen Worte stolperte. „Es tut mir ... unendlich leid. Ich habe dir ... Unrecht getan."

Jutta sah, wie ihr Mann mit sich rang und wie er sich quälte. Aber ihm verzeihen? Sie wusste nicht, ob sie das konnte. „Ich brauche Zeit", sagte sie deshalb. „Ich muss erst mal zu mir kommen. Verzeihen ist ein großes Wort, nach all dem, was passiert ist."

Damit ging sie in den Stall, holte ihr Pferd und ritt aus dem Schloss. Sie schmiegte sich an den Hals des Tieres, ritt zur Lichtung und setzte sich ins Gras, zusammen mit einer tiefen Trauer, die sie befallen hatte und die auch diesen Ort betraf.

Jutta saß lange da und ließ das zu, was sie bewegte. Irgendwann stand sie auf und pflückte Vergissmeinnicht. Anders als den letzten Strauß würde sie diesen nach Hause bringen. Sie würde ihn dem Ritter zeigen und ihm erzählen, was der Verwalter für einer gewesen war. Dann konnte ihr Mann auch von sich erzählen, von dem, was er in der Ferne erlebt hatte, von dem, was ihn bewegte. Vielleicht konnten er und Jutta so das Geschehene hinter sich lassen und von vorn anfangen. Vielleicht konnten sie auch gemeinsam hier sitzen. Bei den Vergissmeinnicht mit ihren zarten Blüten. Hellblau, Himmelblau.

# Der Schlossgeist von Wangen

Ein Bettler ging die staubige Landstraße entlang. Tagsüber war er im Sarntal gewesen, inzwischen aber war es Abend und an der Zeit, sich eine Bleibe für die Nacht zu suchen. Ein Gewitter kündigte sich auch an. Erste Blitze zuckten über den Himmel, und in den Baumkronen wühlte der Wind.

„Auf meinem Wunschzettel steht dieses Wetter nicht", sagte der Bettler, der gerne scherzte und Selbstgespräche führte.

Er beeilte sich, stieg am Ausgang des Sarntals rechts zu einem Bauernhof auf und bat dort um eine Unterkunft. Aber im Haus war kein Platz, und in der Scheune schliefen die Kornschneiderinnen. Also zeigten die Bauersleute zum Schloss Wangen und meinten: „Da drüben könntest du unterkommen. Allerdings spukt es in diesem alten Gemäuer."

Das stand zwar auch nicht auf dem Wunschzettel des Bettlers, aber er nahm das Angebot an und bat die Bauersleute noch um ein Abendessen.

„Das sollst du haben", sagten sie und drückten ihm einen Topf in die Hand, in den er am liebsten gleich hineingeschaut hätte. Doch das Gewitter rollte heran, und so versprach er, den Topf am Morgen wiederzubringen, und sah dann zu, dass er weiterkam.

Unterwegs sammelte er etwas Feuerholz, kurz darauf betrat er das Schloss, gerade rechtzeitig, denn nun begann es, in Strömen zu regnen. Verästelte Blitze ließen die Wolken gespenstisch aufleuchten, und der Donner war ein düsteres Grollen.

„Huhu, der Spuk, uah", witzelte der Bettler, obwohl er sich eigentlich hätte fürchten müssen. Fürchten? Er? Ach was.

„Wer so viel herumkommt wie ich", meinte er, „der gewöhnt sich das ab. Ziemlich schnell sogar."

Nach einigem Suchen fand er die Küche, machte im offenen Kamin Feuer und wärmte das Essen auf. Es gab Suppe und Knödel mit reichlich Petersilie. Wie das roch, herrlich.

Der Bettler legte Holz nach und rührte die Suppe um, doch in diesem Moment polterte es im Schornstein, und zwei längliche Teile fielen herab, begleitetet von einer dicken Rußwolke.

Und was waren das für Teile? Es waren, fast will man es nicht aussprechen, es waren Menschenfüße!

Jeder andere hätte sich zu Tode erschreckt, doch der Bettler rümpfte lediglich die Nase. „Etwas unappetitlich, diese Stelzen", meinte er, holte sie aus der Glut und legte sie auf den Boden. „Wie gut, dass sie nicht in den Topf gefallen sind."

Als er die Suppe kosten wollte, polterte es – ja, sag mal! – erneut im Schornstein, der Rumpf und die Arme eines Menschen fielen herab.

„Rauchfleisch wäre mir lieber", brummte der Bettler und legte sie unbekümmert zu den anderen Leichenteilen. Danach brachte er den Topf in Sicherheit, wegen ... Genau, da war er schon, der Kopf. Er patschte ins Feuer und ließ Funken und Asche aufstieben.

„Das Ding brennt doch an!", rief der Bettler und rollte den Kopf mit dem Schürhaken zu den anderen Leichenteilen. Und staunte: Die Teile wuchsen nämlich zusammen und der, der da lag, stand auf.

Vor dem Bettler stand nun ein Geist. Und wie er aussah! Zerfleddert, zottelig, nein, einen Schönheitswettbewerb würde der nicht gewinnen. Frech war er auch. Kaum hatte er den Topf erspäht, langte er mit seinen schmutzigen Fingern in die Suppe und wollte sich einen Knödel greifen.

„Sachte, mein Lieber! Der gehört mir!“, rief der Bettler und schlug dem Geist auf die Hand.

Der blieb aber hartnäckig und sagte mit dumpfer Stimme, dass er Hunger hätte, großen Hunger, woraufhin der Bettler ihm doch den Knödel überließ. Allerdings kostete der Geist nur; den Rest aber warf er an die Wand und maulte: „Der ist grad mal lauwarm. Der muss heiß sein. Pfui!“

Das passte dem Bettler gar nicht. „Hast du sie noch alle, der gute Knödel!“, begehrte er auf, gab dem Geist eine Ohrfeige, und, zack, schon nahm der eine andere Form an, und zwar die eines blassen, etwas durchsichtigen Edelmannes.

Der fiel vor dem Bettler auf die Knie und konnte nicht aufhören, sich zu bedanken. Die Frage war nur wofür? Doch nicht ...?

„Für die Ohrfeige, genau. Damit hast du mich erlöst“, erklärte der Edelmann. „Komm, auf dich wartet eine Belohnung.“

Dagegen hatte der Bettler nichts einzuwenden. Er ging mit und fand sich kurz darauf in der Schatzkammer wieder, wo der Edelmann zwei

Truhen aufschloss, die bis an den Rand mit Gold- und Silbermünzen gefüllt waren.

„Das alles gehört dir“, sagte er und übergab dem Bettler die Schlüssel. „Zu meinen Lebzeiten war ich der Herr dieses Schlosses. Aber leider kein guter. Ich habe geprasst. Ich habe von den Bauersleuten zu hohe Abgaben verlangt. Bettler wie dich habe ich verspottet und aus dem Schloss gejagt. Nach meinem Tod kam schließlich die Strafe. Du weißt ja, in Stücken durch den Schornstein fallen. Das geht schon seit Jahren so. Jede Nacht dieselbe Qual. Nun aber erwartet mich die ewige Ruhe. Du hast gar keine Ahnung, wie ich mich danach sehne.“

Der Edelmann verabschiedete sich noch, dann wurde er ganz durchsichtig und löste sich, paff, in Luft auf.

Der Bettler konnte es nicht fassen. „Der hat sich davongemacht, ins Jenseits!“, entfuhr es ihm. „Der hat mich mit seinem Geld zurückgelassen, mit seinem unrechtmäßig erworbenen Geld! Wenn ich das annehme, bin ich doch wie er. Am Ende werde ich wohl noch bestraft wie er!“

Auch das stand nicht auf dem Wunschzettel des Bettlers. Also beschloss er, sich diese Sache noch gründlich zu überlegen, kehrte in die Küche zurück und stellte erneut den Topf aufs Feuer. Essen, endlich! Suppe und Knödel mit reichlich Petersilie. Für einen wie ihn war das ein wahrer Genuss.

# Der Drache auf dem Heiligkreuzkofel

Es war in Enneberg. Die Felswände und Gipfel des Heiligkreuzkofels, der dort Sas dla Crusc genannt wird, ragten in den blauen Himmel, nicht eine Wolke war zu sehen.

Mit einem Mal aber war da etwas Dunkles, Großes. Es kreiste in der Luft und schoss plötzlich auf eine Weide hinab, wo zwei Buben Schafe hüteten.

„Was ist das denn?", rief der eine.

„Du meine Güte!", entfuhr es dem anderen. „Ein Drache!"

Mit wilden Handbewegungen trieben die Buben die Schafe auseinander und rannten über die bucklige Weide. Der Drache war über ihnen. Er war riesig. Er brüllte und klappte gierig sein Maul auf.

In letzter Sekunde erreichten die Buben einen Abhang, setzten zum Sprung an und landeten auf dicken Graspolstern, die den Sturz abfingen. Die beiden waren gerettet, doch nun flog der Drache zu den Schafen zurück. Ihre Schellen bimmelten wild, und ihr Blöken war jämmerlich.

Aber was, wenn der Drache auch zur Alm flog, wo Hanna, die Sennerin, war?

„Schnell, wir müssen sie warnen", sagten die Buben. „Sie darf auf keinen Fall vor die Hütte gehen!"

Rasch stiegen sie zur Alm ab, aber – du lieber Himmel! – der Drache war schon da gewesen. Auf der Suche nach Fressen hatte er die Hütte und den Schafstall beschädigt. Und die Sennerin, wo war sie? Der Drache hatte sie doch nicht …!

„Hanna!", riefen die Buben, dreimal, viermal, fünfmal.

Endlich bekamen sie Antwort. Hanna hatte in den Wald flüchten können, wo sie sicher war. Dorthin liefen die Buben jetzt auch. Sie erzählten Hanna, was geschehen war, und gingen dann mit ihr im Schutz der Bäume weiter.

Bald trafen sie Leute, die auch auf der Flucht vor dem Drachen waren. Gemeinsam eilten sie ins Tal, wo Alt und Jung vor den Häusern stand und bang zum Heiligkreuzkofel zeigte. Der Drache war wieder unterwegs, zu anderen Almen. Ob er auch ins Tal kam? Ob er auch Menschen …?

Hanna und die Hirtenbuben kannten die Antwort. „Seid bloß vorsichtig", sagten sie. „Der macht vor gar nichts halt. Gegen den muss etwas unternommen werden."

Daraufhin taten sich mehrere Jäger zusammen, stiegen auf den Heiligkreuzkofel und wollten den Drachen erlegen. Sie gaben ihr Bestes, wirklich, aber sein Schuppenkleid war so dick, dass weder Pfeile noch Gewehrkugeln es durchbohren konnten.

Nun herrschte in Enneberg Ratlosigkeit. Aber das ist noch milde ausgedrückt. In Enneberg herrschte die blanke Angst.

Schließlich fiel Hanna Ritter Prack ein, der Herr der Burg Asch. „Er müsste dem Drachen durchs offene Maul ins Herz schießen", meinte sie. „Wenn einer das kann, dann ist es dieser Mann. Er soll ein hervorragender und kühner Schütze sein."

Also bat man Ritter Prack um Hilfe, die er auch zusagte. Er ließ keine Zeit verstreichen, nahm sein Gewehr, stieg auf sein Pferd Sturmwind und ritt in Richtung Heiligkreuzkofel.

Nach ein paar Stunden erreichte er die Almen und später eine Hochfläche. Dort blieb Sturmwind plötzlich stehen, scharrte mit den Hufen, blähte die Nüstern. Der Ritter kannte den Grund: Der Drache war in der Nähe. War er hinter einem der großen Steine? In einem Erdloch? Ah, schau,

schau, auf einem Felsvorsprung döste er in der Sonne. Er war ein richtiges Ungetüm.

„Ein süßes Kerlchen", sagte der Ritter zu Sturmwind, griff zum Gewehr und wartete auf eine günstige Gelegenheit, um abzudrücken.

Die kam, als der Drache gähnte. Dummerweise machte er dabei die Augen auf, erkannte die Gefahr und fauchte so wüst, dass Sturmwind erschrocken die Vorderbeine in die Luft warf und in wildem Galopp über die Hochfläche sprengte. Mit Schießen war jetzt nichts mehr. Im Gegenteil, Ritter Prack hatte Mühe, sich im Sattel zu halten. Und noch etwas: Ross und Reiter hatten einen Verfolger – den Drachen. Vor lauter Fresslust sabberte er, streckte seine Krallen aus, kam näher und näher.

Jeder halbwegs vernünftige Mensch hätte die Flucht ergriffen, aber nicht Ritter Prack. Er redete beruhigend auf Sturmwind ein, sodass der seine Angst überwand und schließlich stillstand. Dann legte der Ritter das Gewehr an und wartete so lange, bis der Drache über ihm war und seine messerscharfen Zähne bleckte. In dem Moment, als er sein Maul aufriss und zuschlagen wollte, genau in diesem Moment schoss der Ritter und traf. Die Kugel flog durch den Hals des Drachen, durchbohrte sein Herz, und aus war's mit dem Ungetüm. Es flatterte noch kurz mit den Flügeln, danach fiel es zu Boden und blieb vor Sturmwinds Füßen liegen.

„Der frisst niemanden mehr, was?", sagte der Ritter und lobte das Pferd für seinen Mut.

Sturmwind wieherte freudig. Das sollte wohl heißen: Danke. Du warst auch prima.

Damit kehrten die beiden nach Hause zurück, ohne sich noch einmal umzudrehen. Für sie war diese Sache abgehakt. Logisch, sie hatten gemeinsam schon ganz andere Abenteuer bestanden.

In Enneberg war man heilfroh, den Drachen los zu sein; die Leute bedankten sich bei Ritter Prack und seinem Pferd und stellten ihnen zu Ehren auf dem Heiligkreuzkofel eine Tafel mit einer Inschrift auf. Danach setzten sie die Almhütten und Ställe instand. Alle packten mit an, auch Hanna und die Hirtenbuben.

Nachdem die Schäden behoben waren, gab es für die drei allerdings nichts mehr zu tun. Naja, die Hütte räumten sie noch auf. Danach saßen sie nur mehr herum und wollten es gar nicht laut sagen: Ach, ein trauriger Zustand ist das, eine Alm ohne Schafe.

„Wenn ich wenigstens ein paar kaufen könnte", meinte Hanna. „Aber hier in der Gegend hat der Drache doch alle gefress ..."

„Wart mal!", riefen die Buben dazwischen. Sie hatten ein Geräusch gehört.

Jetzt hörte Hanna es auch. Was war das? Gab es etwa einen zweiten Drachen?

Nicht doch, das waren Schellen. Von Schafen.

„Von unseren Schafen!", riefen Hanna und die Hirtenbuben gleichzeitig.

Dann eilten sie aus der Hütte. Und tatsächlich, die Schafe kamen ihnen entgegen. Der Drache hatte sie gar nicht erwischt. Nur erschreckt und verscheucht. Nicht eines fehlte! Was für ein Glück! Und was für ein Glück, dass es auf dem Heiligkreuzkofel nichts mehr Dunkles, Großes gab.

# Der weiße Hirsch

Es war Samstagabend. In einem Gasthaus im Martelltal spielten zwei Freunde Karten.

Der Gander warf den Herzkönig aus und lachte. „Diese Runde gewinne ich, und mein Gläschen geht auf dich."

Der Stallwieser legte das Herzass drauf und lachte noch mehr. „Irrtum, mein Lieber. Du machst die Brieftasche auf."

So ging es Runde um Runde: Der Stallwieser gewann, und der Gander verlor. Dem reichte es irgendwann, er wollte zahlen und heimgehen. Aber, verflixt und zugenäht, er hatte kein Geld dabei. Verlegen blickte er zu seinem Freund. „Ähm, könntest du vielleicht ...? Nächste Woche kriegst du's wieder."

Da jauchzte der Stallwieser heimlich und antwortete: „Kein Problem, ich mach das schon." Weil diese Gelegenheit nicht wiederkommen würde, fügte er noch hinzu: „Aber nur, wenn du mir verrätst, wo du den weißen Hirsch gesehen hast. Du bist der einzige Mensch im Tal, der seinen Weideplatz kennt."

Dem Gander passte dieser Vorschlag gar nicht. Andererseits, Schulden bei der Wirtin machen, das war erst recht nicht sein Ding. Also ließ er den Stallwieser zahlen, ging mit ihm aus dem Gasthaus und gab das Geheimnis nun tatsächlich preis. „Der Hirsch äst in der Morgendämmerung bei der Wallfahrtskirche St. Maria in der Schmelz. Aber nur beobachten, dass das klar ist! Weiße Hirsche sind äußerst selten. Und der, ha, der ist etwas Besonderes. Er hat ein Fell wie Schnee. Und sein Geweih, oh, eine Krone ist das."

Diese Worte ließen den Stallwieser ganz andächtig werden. „Gut, nur beobachten, ich versprech's." Damit klopfte er dem Gander auf die Schulter und - war schneller weg, als der schauen konnte. Mit Riesenschritten ging er heim, nahm eine Laterne und ein Gewehr, brach zur Wallfahrtskirche auf und versteckte sich dort im Gebüsch.

Wie, mit dem Gewehr? Er hatte seinem Freund doch versprochen ...

Ja, das hatte er. Er wollte sich auch daran halten, aber ihn hatte das Jagdfieber erfasst, und das war leider stärker als sein Versprechen.

So spähte der Stallwieser bei der Wallfahrtskirche verbissen umher, aber von wegen Schneefell und Kronengeweih – nicht ein Hauch davon war zu sehen.

Also ging der Stallwieser nach Hause, kam am nächsten Morgen wieder, doch es war wie gehabt: Der Hirsch musste ihn bemerkt und den Weideplatz gewechselt haben. „Das wird ihm nichts nützen", brummte der Stallwieser, versorgte sich daheim mit Proviant und streifte von nun an ständig durch die Wälder. Er umrundete den Zufrittsee, stieg zu den Almen und in die Hochtäler auf, übernachtete unter freiem Himmel. Die Arbeit auf dem Hof mussten seine Frau und seine Kinder verrichten. Sonntags nahm er sich nicht einmal mehr Zeit für den Gottesdienst. Und am Samstagabend ging er auch nicht mehr ins Gasthaus, wo der Gander auf ihn wartete.

Freilich, der Gander war von seinem wortbrüchigen Freund enttäuscht, aber als der nicht mehr auftauchte, begann er, sich ernsthaft Sorgen zu machen. Eines Tages brach er auf, um ihn zu suchen.

„Mann, was tust du nur!", sagte er, als er ihn fand und merkte, wie mitgenommen er inzwischen aussah. „Geh doch heim, du hast Familie. Und geh wieder in die Kirche. Oder ist dir gar nichts mehr heilig?"

„Was du bloß hast!", brummte der Stallwieser. „Reicht ja, wenn du in die Kirche gehst."

Dann stapfte er davon, getrieben vom Jagdfieber.

Eines Morgens – es war Sonntag – bekam er den weißen Hirsch endlich zu Gesicht. Lautlos trat das Tier aus dem Wald, zockelte bergan, hielt auf einer Anhöhe inne. Einen Moment lang stand der Stallwieser mundoffen da. „Meiner Seel', der Gander hat nicht übertrieben. Was für ein Geweih! Und wie das Fell schimmert!" Danach griff er zum Gewehr, legte an, doch ausgerechnet jetzt begannen im Dorf die Kirchenglocken zu läuten und verscheuchten den Hirsch.

„Dieses blöde Gebimmel!", schimpfte der Stallwieser und verfolgte das Tier.

Nach kurzer Zeit blieb es stehen, fast so, als ob es auf ihn warten würde. Dem Stallwieser entging das. Er legte erneut an, zielte, aber – zum Geier! – nun läuteten die Glocken erneut, der Hirsch lief rasch weiter, bergwärts jetzt.

„Elende Schellen, zerschlagen sollte man euch!", schrie der Stallwieser, hastete hinter dem Tier her und war bald so außer Atem, dass er ans Aufgeben dachte.

Doch da, der Hirsch, der inzwischen felsiges Gelände erreicht hatte, blieb wieder stehen, und zwar auf einer Erhöhung, wo er wie auf dem Präsentierteller war.

„Jetzt gilt's", sagte der Stallwieser, legte den Finger um den Abzug und drückte ab.

Doch es war wie verhext: Die Glocken hatten zum dritten Mal zu läuten begonnen, sodass der Hirsch wieder gewarnt war und seitwärts sprang, weshalb der Schuss ihn nur leicht streifte.

Da platzte dem Stallwieser der Kragen. Wüste Worte rollten ihm von der Zunge. „Zur Hölle mit euch vermaledeiten Schellen und zur Hölle mit dem Sonntagsgottesdienst!"

Aber kaum hatte er das gesagt, trat eine Stille ein, eine unheimliche, haarsträubende Stille. Und dann, ganz plötzlich, wurde ein Getöse laut, der Berg begann zu beben, und das Gestein türmte sich im Handumdrehen zu einer Wand auf. Den Stallwieser durchzuckte das blanke Entsetzen, denn er hing in dieser Wand fest, mittendrin, und der Vorsprung, auf dem er stand, bröckelte.

Ob er das, was er in seiner Wut von sich gegeben hatte, jetzt bereute? Ob es ihm leidtat, nicht auf seinen Freund gehört und stattdessen auf den weißen Hirsch geschossen zu haben, auf dieses herrliche Geschöpf? Tja, das kann niemand sagen, der Stallwieser war doch allein in dieser Wand. Er, den das Jagdfieber erfasst und nicht mehr losgelassen hatte.

# Die Jungfrauen vom Sterzinger Moos

Es war an einem Samstagabend in Sterzing. Auf dem Festplatz spielten Musikanten auf, Paare wirbelten über die Tanzfläche.

Michel saß mit Marie am Tisch und unterhielt sich mit etlichen Mädchen und Burschen. Alle waren bester Laune, man erzählte sich Witze und kugelte sich vor Lachen.

Als sich Michel über die Jungfrauen vom Sterzinger Moos lustig machte, wurden die Gesichter ernst, und Peter schimpfte: „Hör auf damit! Über die Moorgespenster macht man keine Witze!"

Michel ließ das nicht gelten. Er tippte sich an die Stirn und schimpfte zurück: „Mann, schon wieder einer, der alles nachplappert, was im Dorf herumerzählt wird. Du glaubst diesen Schmarren doch nicht wirklich, oder?"

„Einen Schmarren nennst du das?", empörte sich Peter. „Geh halt ins Moor, und probier aus, wie es bei den Jungfrauen ist. Wetten, dass du dort keine Stunde lang durchhältst!"

Marie wusste, wie hitzköpfig Michel sein konnte, also rückte sie näher zu ihm hin und sagte: „Lass gut sein. Im Moor ist es gefährlich, egal, ob es diese Gespenster gibt oder nicht. Wenn du einen falschen Schritt machst, versinkst du im Schlamm."

Michel hätte die Sorge aus ihrer Stimme heraushören können, aber was tat er? Er sprang auf und streckte Peter die Hand hin. „Keine Stunde, dass ich nicht lache! Schlag ein, und die Wette gilt!"

Ein paar Musiktakte später liefen die beiden über den Festplatz, Marie und die anderen eilten hinterher. Am Rand des Moorgebiets angelangt, feuerten die Burschen Michel an. „Das packst du leicht." Und ein Mädchen scherzte: „Du kannst die Moorjungfrauen ja heiraten. Dann sind sie erlöst und geben Ruh, die ledig verstorbenen Weibsbilder, die gruseligen."

Marie hingegen warnte Michel erneut. „Vergiss diese Wette, ich bitte dich!"

Aber nein, er stürmte los, und das, ohne sich noch einmal umzudrehen.

Zuerst folgte er einem Fuhrweg, der von Erlen und Weiden gesäumt war, danach einem schmalen, von Weihern und Schilf gesäumten Pfad. Wie matschig der Boden hier doch war. Danebentreten durfte man tatsächlich nicht. Nacht war es inzwischen auch geworden. Aber immerhin, die Sterne spendeten etwas Licht. Also weiter. Vor Peter würde sich Michel keine Blöße geben. Niemals.

Nach einer Weile kam Michel zu einem schmalen Steg aus Holzknüppeln, die sich bei jedem Schritt bewegten. Da wurde dem Burschen doch etwas mulmig zumute.

Ach, was soll's, dachte er sich. Muss ich den Steg eben auf allen vieren überqueren.

Ein Vergnügen war das nicht. „Gewettet ist gewettet", brummte Michel, wobei ihm gleich noch mulmiger wurde. Links und rechts vom Steg war nämlich schwarzes Wasser, Nebelschwaden wogten auf und ab. Und dieser modrige Geruch, woher kam der? Und was waren das für Flämmchen? Sie hatten einen blauen Schimmer und schienen auf dem Wasser zu tanzen. Gleichzeitig ging ein Rufen durch das Moor. Oder war es ein Singen?

Nun lief Michel eine Gänsehaut über den Rücken, er rief: „He, ist da wer?"

Niemand antwortete, aber neben ihm gluckste es auf einmal. Meine Güte, hatte der Modergeruch sein Hirn so benebelt, dass es ihm Bilder vortäuschte, oder kroch da wirklich eine Frau aus dem Wasser und setzte sich vor ihm auf den Steg? Ihr Haar reichte bis zu den Füßen, sie war sehr blass und sehr schön. Sie lächelte und säuselte: „Hier im Moor gibt es viele so wie mich. Komm mit, ich zeig sie dir."

Schöne Frau, Säuselstimme – alles Einbildung, dachte Michel. Los, weiterkrabbeln, von der Stunde, um die ich gewettet habe, sind höchstens zwanzig Minuten ...

Aber halt, jetzt gluckerte es erneut, und im Wasser tauchten Köpfe auf, Fratzen, abscheuliche Wesen. Sie hauchten Michel an. Ihr Atem war kalt wie der Winter.

Und die schöne Frau? Sie lächelte weiter, und was das für ein Lächeln war: lieblich, gewinnend.

Mit einem Mal aber verschwand es, und die Frau verwandelte sich ... in ein steinaltes Weib. Sein Mund hatte mehr Lücken als Zähne, aus seinem Haar tropfte Schlamm, seine Finger waren spindeldürr. Schon griffen sie nach Michel, zerrten an seinen Kleidern.

Jetzt erkannte er die Gefahr. Du lieber Himmel, das war keine Einbildung. Die Alte wollte ihn ins Wasser ziehen, und die anderen Wesen langten auch nach ihm! Diese Gier in ihren Gesichtern! Diese schmatzenden Mäuler! Schrecklich!

In seiner Verzweiflung trat Michel um sich. Er traf tatsächlich, die Alte fiel der Länge nach ins Wasser. Er traf auch andere Geisterfrauen, die kreischend zurückwichen. Aber nur für einen Augenblick.

Jetzt oder nie, dachte Michel, robbte über den Steg, schwankte mit den Holzknüppeln hin und her. Die Hände und Knie taten ihm weh. Aber egal. Er musste schnell sein! Die Geisterfrauen verfolgten ihn. Er hörte sie ächzen und kreischen.

Endlich erreichte er das Ende des Stegs. Dort begann der Pfad, Michel konnte aufstehen und rennen. Und wie er rannte. Der Morast spritzte nach allen Seiten, Schilf streifte ihn, herabhängende Zweige schlugen ihm ins Gesicht. Er fiel sogar hin, doch er stand wieder auf, entwischte den Geisterfrauen, und schließlich wurde der Abstand zwischen ihnen und ihm größer.

Mit letzter Kraft erreichte Michel den Rand des Moorgebiets, tappte auf die Mädchen und Burschen zu und rief mit einer Stimme, die seiner eigenen kein bisschen mehr glich: „Helft mir, bitte! Ich kann nicht mehr!" Sein Hemd war zerrissen, sein Gesicht war zerkratzt.

„Um Himmels willen, Michel!", rief Marie und eilte ihm entgegen.

Peter und die anderen kamen nach, stützten ihn. „Nichts wie weg!", riefen sie. „Sonst holen uns noch die Moorjungfrauen!"

Die Mädchen und Burschen kehrten in heller Aufregung zum Festplatz zurück, wo sie in Sicherheit waren und sich erst mal beruhigen mussten. An Lachen und Witzeerzählen war nun nicht mehr zu denken. Auch wollte niemand wissen, wie lange Michel es im Sterzinger Moos ausgehalten und ob er die Wette gewonnen oder verloren hatte. Er war den Gespenstern entkommen, das war die Hauptsache. Und Marie hatte ihn wieder, diesen Hitzkopf, den sie gern mochte, und der im Moment selbst fast aussah wie ein Gespenst.

# Der Riese Ortler

Vor langer Zeit gab es im Obervinschgau Riesen und Zwerge. Die beiden Völker lebten in den Wäldern und sonnigen Hochtälern. Sie hatten es gut, respektierten sich gegenseitig, und so hätte es auch bleiben können – wenn da nicht ein Bub namens Ortler gewesen wäre, ein Kind der Riesen.

Ortler war kräftiger als die Gleichaltrigen, gewann jedes Spiel und wurde wohl deshalb hochnäsig. Seinetwegen gab es oft Streit. Und wer kriegte dabei auf die Nase? Er bestimmt nicht.

Dem Zwergenvolk gegenüber wusste Ortler sich auch nicht zu benehmen. Ging er durch den Wald, mussten die kleinen Leute aufpassen, dass er sie nicht zertrat. Und wenn er nieste, mussten sie sich irgendwo festhalten, um nicht fortgeblasen zu werden.

Die erwachsenen Riesen wollten dem ein Ende setzen, und so nahmen sie Ortler mit auf die Jagd. Sie brachten ihm das Spurenlesen und Fallenstellen bei, das Anschleichen und Speerwerfen. Ortler lernte schnell. Und er wuchs schnell. Bald war er der stärkste und beste Jäger von allen. Aber leider wurde er dadurch noch hochnäsiger als zuvor und rücksichtslos obendrein.

Einmal schnappte er sich einen Bären, den die Riesen in eine Falle gelockt hatten, briet ihn und ließ sie nicht einmal kosten. Ein anderes Mal luchste er ihnen einen Auerochsen ab, trocknete das Fleisch, um es später vor ihren Augen genussvoll zu verspeisen. Außerdem verspottete er sie und nannte sie Miesepeter. Ja, so einer war Ortler. Solche Typen gab es immer schon und wird es immer geben.

Die Riesen hatten lange Geduld, aber es kam der Tag, an dem sie sich von Ortler abwandten. Der wollte das nicht wahrhaben, lungerte in der Früh vor ihren Höhlen herum und rief: „Kommt, lasst uns jagen gehen. Wir sind doch Freunde."

Und was taten die Riesen? Sie hielten sich die Ohren zu und antworteten nicht. Das wurmte Ortler gewaltig. Aber den Fehler bei sich selber suchen, ach was, er doch nicht. Lieber maulte er: „Ihr seid solche Rübenköpfe! Schafsnasen!" Dann stieg er auf eine Bergspitze, brach Steine heraus und warf sie weit um sich.

„Was ist denn dem für eine Laus über die Leber gelaufen?", rief das Zwergenvolk, das im Wald Beeren pflückte und Holz sammelte. Danach rannten die kleinen Leute, was das Zeug hielt. Weil ringsum Steine einschlugen.

So war das nun jeden Morgen: Ortler blitzte bei den Riesen ab, setzte sich auf die Bergspitze und warf mit Steinen, den lieben langen Tag. Wie es dem Zwergenvolk damit erging, pah, das kümmerte ihn doch nicht. Dass es sich nicht mehr mit Essen versorgen konnte, och, drauf gepfiffen. Einer musste büßen. Egal wer.

Schließlich wussten die kleinen Leute nicht mehr ein und aus. „Wir müssen uns wehren", sagten sie und berieten sich nachts am Lagerfeuer, wenn Ortler schlief. Aber was konnten sie gegen einen Riesen schon ausrichten? Nichts. Selbst die Ältesten wussten keinen Rat. Die Lage war aussichtslos.

„Nicht unbedingt!", rief plötzlich plötzlich ein Zwergenmädchen. „In Stilfs gibt es doch diesen Zwerg, den Nudelhopf. Er soll Zauberkräfte haben. Damit müsste er Ortler doch beikommen."

„Einen Versuch ist es wert", meinten die anderen.

„Genau", sagte das Mädchen, nahm ihre Laterne, eilte nach Stilfs und weckte Nudelhopf, der um diese Zeit natürlich schlief.

Er ließ sich aber nicht lange bitten, ging mit dem Mädchen mit und war so seltsam wie sein Name. Nudelhopf hüpfte nämlich dauernd herum und kicherte. Ob dieser Kauz tatsächlich helfen konnte? Naja.

Bei Tagesanbruch kam das Mädchen mit Nudelhopf beim Zwergenvolk an, danach war Eile geboten, denn Ortler war bereits auf den Beinen. Also gingen die kleinen Leute in Deckung, nur Nudelhopf nicht. Er wartete hinter einer Tanne, bis Ortler an ihm vorbeistapfte, auf den Berg stieg und mit dem Steinewerfen begann.

„Der ist eindeutig mit dem falschen Fuß aufgestanden", kicherte Nudelhopf, lief in einem günstigen Moment los und begann, den Felsen zu erklimmen, auf dem Ortler saß.

Während der auf die Riesen schimpfte, überwand Nudelhopf Vorsprünge, hangelte sich an Rissen entlang und nahm sich nicht einmal die Zeit, den Schweiß abzuwischen. Er musste sogar unter Ortlers Knien durchschlüpfen, um weiterzukommen. Zum Glück merkte der Riese nichts. Er bemerkte Nudelhopf erst, als der auf seinem Kopf stand, dort herumtanzte und reimte:

*Ach, Riese Ortler, wie bist du noch klein, kleiner als das putzige Nörggelein.*
*Du bist gewachsen so viel tausend Jahr,*
*streckst deine Nase in den Himmel gar.*
*Was nützt dir das, was nützt dir das? Der Stilfser Zwerg, der Nudelhopf,*
*ist größer doch, ist größer doch, heroben da auf deinem Kopf!*

„Was sind denn das für Faxen?", rief Ortler empört. „Warte nur, ich zerquetsch dich wie eine Haarlaus!"

Das war nicht nur so dahingesagt, nein. Er hob seine Hand und zack, schon hatte er Nudelhopf gepackt und hielt ihn darin gefangen. Da wurde es eng für den kleinen Mann. Er schrie auf, und mit ihm schrie das Zwergenvolk, entsetzt über das, was auf dem Berg vor sich ging.

Ortler drückte die Hand weiter zu, Nudelhopf keuchte. Ortler drückte noch mehr, Nudelhopf blieb fast die Luft weg. Mit einem Mal aber lockerte Ortler seinen Griff, und dann, dann war er es, der schrie: „Was ist das? Warum werden meine Finger starr? Und woher kommen die Eiseskälte und dieses Knirschen in mir drin?"

„Von meiner Zauberei", kicherte Nudelhopf, der nun freikam und erst mal tief durchatmete.

Danach stieg er wieder den Felsen hinab, zum Zwergenvolk, das ihm entgegenlief und ihm stürmisch Beifall schenkte, allen voran das Mädchen. Weil ihm, diesem kauzigen und durch und durch netten Zwerg nichts passiert war. Weil er dafür gesorgt hatte, dass Ortler jetzt Ruhe gab – für immer.

Der Steinewerfer war durch Nudelhopfs Zauber nämlich selbst zu Stein geworden. Und saß da, auf der Bergspitze, und reckte die Nase in den Himmel. Tja, hochnäsig eben. Nach wie vor.

# Schneeberg in Passeier

Malerisch und friedlich, so begann dieser Tag am Schneeberg im Passeiertal. Die vergletscherten Bergspitzen leuchteten im Morgenlicht, ein leichter Wind kräuselte die Oberfläche des Schwarzsees.

Mit einem Mal surrte ein Bolzen durch die Luft und streckte eine Gämse nieder, die am See Wasser trank.

Der Jäger, der ihr hinter einem Stein aufgelauert hatte, freute sich über den Treffer. Dass er der Gämse das Leben genommen hatte, rührte ihn nicht. Mitleid mit dem Wild zu haben, wozu das denn?

Und überhaupt: Da waren das Auflauern, das Sichanpirschen, der Nervenkitzel beim Zielen – ah, wie er das liebte.

Deswegen entwischte ihm auch kein Wild. Das war bereits die dritte Gämse in diesem Monat. Dazu kamen ein Hirsch und zwei Rehe. Das Fleisch und die Felle verkaufte er. Ebenso die Hörner und Geweihe. Es lebte sich gut davon.

„Was heißt gut. Es wird immer besser", murmelte der Jäger, der auf einem Grat eine weitere Gämse erspäht hatte.

Rasch spannte er einen Bolzen auf seine Armbrust und wollte schießen, doch jemand rief: „Bitte, lass das arme Tier! Es will leben wie du!"

Der Jäger schoss trotzdem. Er war aber abgelenkt, sodass der Bolzen danebenging und die Gämse davonsprang.

Das ärgerte den Jäger gewaltig. „Geht's noch?", schnarrte er und sah auch schon, wer ihn abgelenkt hatte.

Es war eine Frau; auch sie war am See. Sie trug ein langes, weißes Kleid und edlen Schmuck. Sie war zierlich und schön. Und sie nickte ihm freundlich zu.

Freundlich hin oder her, dachte der Jäger, was kümmert die denn das Wild?

Wenn er die Frau gefragt hätte, dann hätte sie ihm gesagt, dass das Wild unter ihrem Schutz stand. Aber nein, er rannte zu ihr hin und schrie: „Deinetwegen hab ich die Gämse verfehlt! Das kostet mich eine Menge Geld! Das schuldest du mir jetzt!"

Die Frau ließ sich von seinem Geschrei nicht beeindrucken, blieb freundlich, nahm den Schmuck ab und hielt ihn dem Jäger hin. „Geld hab ich keines, doch du kannst mein Geschmeide haben. Aber nur, wenn du das Jagen lässt."

„Was soll ich?", maulte der Jäger und glaubte, sich verhört zu haben.

„Das Jagen lassen", wiederholte die Frau. „Nimm mein Geschmeide, es ist viel wert. Du wirst also bestens entschädigt."

Nun begann es im Kopf des Jägers zu arbeiten, gar wild ging es da drin zu. Der Schmuck schien vor seinen Augen immer mehr zu glänzen. Er gleißte regelrecht.

„Die Jagd aufgeben, na ja, das ließe sich vielleicht einrichten", meinte der Jäger schließlich, um eisig hinzuzufügen: „Aber nicht für die paar Klunker. Dass wir uns richtig verstehen!"

Danach war die Frau nicht mehr freundlich. Ihr Blick kreuzte den seinen, hielt ihn fest, dann sagte sie: „Wenn dir das Geschmeide nicht reicht, kann ich dich zu einer Silberader führen, zu rubinroten Schmucksteinen und zu Kristallen, die so klar wie Diamanten sind."

Der Jäger triumphierte. „Na bitte, geht doch. Jetzt können wir reden."

Er schwor, das Wild künftig in Ruhe zu lassen und zerschlug seine Armbrust. Gleich darauf ließ er sich den Schmuck aushändigen und zu den genannten Schätzen führen. Dort raffte er so viel zusammen, wie er nur tragen konnte, gierig, hemmungslos.

Er wusste auch schon, was er sich davon kaufen würde: einen prächtigen Ansitz, Grundstücke, ein edles Pferd, herrische Kleider ... Er würde auch Leute in den Dienst nehmen; sie sollten ihm alles Wertvolle bringen, das auf dem Schneeberg zu finden war. Sie sollten Stollen in die Felsen treiben und das Silber abbauen. „Ich bin reich!“, rief er und lachte. „Reich! Steinreich!“

Aber wo war auf einmal die Frau? Vorhin hatte sie doch neben ihm gestanden.

Der Jäger entdeckte sie am See. Sie hob die tote Gämse auf und trug sie fort, wohl um sie zu begraben. „Na ja, aus den Augen, aus dem Sinn“, spöttelte der Jäger.

Die Gämse interessierte ihn nämlich nicht mehr. Und die Frau, die brauchte er jetzt auch nicht mehr. Er musste doch die Schätze ins Tal bringen. Er musste den Plan, den er vorhin gefasst hatte, in die Tat umsetzen.

Kunststück war das keines. In kürzester Zeit war er ein nobler Herr, lebte im Überfluss und genoss das Leben in vollen Zügen. Nur das eine konnte er nicht mehr genießen: die Jagd.

Je mehr Jahre vergingen, desto mehr vermisste er das Auflauern, das Sichanpirschen, den Nervenkitzel beim Zielen. Verflixt, der Jäger musste das wieder spüren!

Aber was war mit dem Versprechen, das er der Frau gegeben hatte? „Nichts ist damit“, entschied er und besorgte sich eine Armbrust, natürlich nur die beste, die es gab.

Damit stieg er frühmorgens auf den Schneeberg und legte sich am Schwarzsee auf die Lauer.

Es dauerte nicht lange, bis er einen Steinbock erspähte. Majestätisch stand er auf einem Felsen, gut genährt und mit wuchtigen Hörnern; mehr konnte der Jäger sich gar nicht wünschen.

„Ein Prachtexemplar. Eine Sonderausgabe, extra für mich“, sagte er und schoss.

Die Strafe kam sofort. Von einem vergletscherten Gipfel lösten sich Eisbrocken, prasselten auf den wortbrüchigen Mann herab und begruben ihn unter sich. Der Steinbock aber blieb unversehrt. Er war auf einen Felsen gesprungen, und nun stand neben ihm – wer?

Die schöne, zierliche Frau. Um sie herum waren Gämsen, Hirsche, Rehe und andere Tiere, die dank ihres Schutzes beruhigt dem neuen Tag entgegenblicken konnten. Diesem Tag am Schneeberg im Passeiertal, an dem niemand mehr den Frieden des Wildes stören sollte.

# Die Pachler-Zottl

Es war in Windlahn im Sarntal; im Stall des Pachlerhofs wurde fleißig gearbeitet. Der Bauer Kunz brachte den Kühen und Schafen Heu. Anna, die Magd, fegte den Boden. Die Bäuerin Barbara strich der Kuh Bless über den Nacken und lobte sie: „Brav. Du frisst, als ob du nie krank gewesen wärst."

Kunz stimmte seiner Frau zu. „Ich hätte nicht gedacht, dass Bless dein Kräutertrank hilft. Du kannst es wirklich gut mit den Tieren. Das musst du unbedingt unseren Kindern beibringen."

Barbara musste lachen, denn die Kinder tollten lieber herum, als sich mit Kräutern zu beschäftigen.

Kunz wusste das, und so lachte er mit, zog seine Frau an sich und küsste sie auf die Wange.

Danach begannen die beiden mit dem Melken. Dabei entging ihnen, dass Anna den Besen mit Schwung in eine Ecke beförderte und aus dem Stall schlich. Sie hörten auch nicht, wie sie im Hof schimpfte: „Küsschen hier, Küsschen da. Wie ich dieses Getue hasse!" Die beiden hatten keine Ahnung, dass Anna ihnen das Glück nicht gönnte, dass sie auf Barbara neidisch war und dass sie gerne an ihrer Stelle gewesen wäre. Als Bäuerin. Und als Kunz' Frau. Deswegen war Barbara ihr ein Dorn im Auge. Dieser Dorn stach und stach und brachte Anna auf einen boshaften Gedanken. Damit eilte sie zu einem abergläubischen Nachbarn und tat ganz aufgeregt. „Mensch, Albert, Zustände sind das auf dem Pachlerhof, Zustände!"

Der Nachbar legte die Sense, die er gerade gedengelt hatte, zur Seite, und Anna fuhr fort: „Stell dir vor, Barbara hat eine Kuh geheilt, mit Kräutern und Zaubersprüchen!"

„Mit Zaubersprüchen?", rief Albert. „Herrschaftszeiten, habt ihr eine Hexe im Haus?"

Anna zuckte mit den Schultern. „Sag du's mir."

Daraufhin nickte Albert. „Es kann nicht anders sein, Barbara ist eine Hexe. Wenn ich es mir recht überlege, ist sie schon seltsam gewesen, als sie noch bei ihrer Mutter und ihrer Schwester Angela gewohnt hat. Alle drei Frauen vom Stöckelehof in Auen sind seltsam."

„Hexenpack!", setzte Anna drauf und war mit sich zufrieden. Albert war nämlich nicht nur abergläubisch, sondern redete auch gern. So würde das von der Pachlerbäuerin im Tal bald die Runde machen. Das war der Plan. Ob er ...?

Und wie er aufging. Er zeigte auch Wirkung. Am Sonntag beim Kirchgang in Sarnthein wichen die Leute Barbara aus. Und Anna sah sie mit eigenartigen Blicken an wie bereits in den letzten Tagen.

„Weißt du, was da los ist? Hab ich Anna unbeabsichtigt beleidigt oder sonst jemanden?", fragte Barbara daheim ihren Mann.

„Woher denn? Du doch nicht", meinte Kunz und legte seine Hand auf ihre. „Mach dir keinen Kopf. Pah, verstehe mal einer die Leute. Sie sind manchmal merkwürdig."

„Aber die Anna hat doch was. Ist dir das nicht aufgefallen?"

Kunz überlegte. „Doch, wo du es sagst. Ob sie auf dich eifersüchtig ist? Weil du einen Mann und Kinder hast und sie nicht? Weißt du was, ich rede mit ihr. Auf dem falschen Fuß erwischen darf ich sie aber nicht. Wir brauchen sie. Ohne sie fällt uns die Arbeit auf den Kopf."

Kunz hielt sein Versprechen und sprach mit Anna, die überaus verwundert tat und beteuerte, dass alles in bester Ordnung sei. Kunz gab sich damit zufrieden, Barbara ebenso. Sie wandte sich beruhigt ihrer Arbeit zu, versorgte die Kinder, hielt das Haus sauber, pflegte den Garten, half auf dem Feld.

Und Anna? Die war wieder freundlich und blieb es auch weiterhin. Aber dann, wenn es niemand merkte, rannte sie mit neuen Lügen zu Albert. Im Sommer, der strahlend schön war; im Herbst, der mit leuchtenden Farben verglühte. Danach hielt der Winter Einzug. Von der Sarner Scharte kam er herab, mit Reif und Schnee und armlangen Eiszapfen an den Dachrinnen.

Barbara saß nun oft in der Stube und spann Wolle zu Garn. Anna nähte oder stopfte Socken, und Kunz schnitzte Krippenfiguren.

Eines Abends – die Kinder schliefen bereits – gab Anna sich bedrückt und sagte: „Ihr wisst vermutlich nicht, was man sich im Dorf erzählt. Ich kann's kaum aussprechen ..." Ihr Blick sprang herum und blieb bei Kunz stehen. „Es heißt, deine Frau kann hexen, mit Kräutern, Zaubersprüchen und Zauberzeichen. Der Teufel soll ihr das beigebracht haben. Nachts soll sie auf einem Besen zu den Stoanernen Mandln auf die Große Reisch fliegen, um mit ihm und anderen Hexen zu üben."

Barbara war über diese Worte so entsetzt, dass ihr beim Spinnen der Faden riss. „Um Gottes willen", entfuhr es ihr, „ich bin doch keine Hexe!"

Kunz drückte sein Entsetzen mit Ärger aus. „Was, Barbara soll mit dem Teufel im Bund sein? Haben die Leute nichts Besseres zu tun, als sich solche Gruselgeschichten aus den Fingern zu saugen?"

Auf die Idee, dass Anna diese Gerüchte in die Welt gesetzt haben könnte, kamen beide nicht. Wie auch? Sie vertrauten ihr. Anna verbreitete weiterhin Lügen, weshalb das Gerede um die Pachlerbäuerin mehr und mehr wurde und Kunz zu wanken begann. Er musste nun ständig daran denken, dass Barbara – wie ihre Mutter und Schwester – im Sarntal als eigen galt. Obwohl, dieses Eigensein genau das war, was Kunz an seiner Frau liebte. Nun fragte er sich aber doch ... Nein, eigentlich wollte er die Gerüchte nicht glauben, aber er konnte nicht anders, er nahm von Barbara Abstand, und dieser Abstand wurde von Tag zu Tag mehr.

So wurde dieser Winter auf dem Pachlerhof besonders hart. Die Kälte war nicht nur draußen, sie war auch im Haus. Sie ließ Barbara nachts nicht schlafen. Dann ging sie zu den Kühen und Schafen, bei denen sie Trost fand. Oder sie betete im Hof, selbst wenn der Schnee in dichten Flocken auf sie herabfiel. „Lieber Gott, gib, dass alles gut wird."

Aber nichts wurde gut. Die Kälte blieb. Sie war im ganzen Sarntal, in den Köpfen der Leute, Barbara spürte ihre Blicke und hörte sie hinter ihrem Rücken reden. Deshalb traute sie sich sonntags nicht mehr in die Kirche. Sie traute sich nirgendwo hin, außer zur Mutter und zur Schwester Angela, denen sie manchmal Kuchen brachte. Sie musste die beiden sehen, auch wenn Kunz dagegen war. Weil er inzwischen gegen alles war, was mit seiner Frau zu tun hatte. Dabei waren er und sie doch so glücklich gewesen.

„Glück ist wohl nur ein flüchtiges Wort", seufzte Barbara und erzählte der Mutter und der Schwester von ihrem Kummer. Daheim stürzte sie sich in die Arbeit und verbarg ihn, was ihr vor den Kindern nicht immer gelang. Dann wischte sie schnell die Tränen weg und hoffte auf bessere Zeiten, die tatsächlich kamen. Im Frühjahr konnte Barbara aufatmen, denn Kunz wurde allmählich zugänglicher und versöhnlicher. Ob das daran lag, dass mit der aufstrebenden Natur auch

die Menschen aufblühten? Oder hatte man im Sarntal begriffen, dass die Gerüchte um Barbara Unsinn waren?

„Endlich, die Vernunft hat gesiegt", meinte sie und sah zuversichtlich dem Sommer entgegen, der bald kam, mit Hitze und Heugeruch und herrlich weitem Horizont.

Einmal – sie stand am Brunnen im Hof – war so eine Freude in ihr, ach, sie glaubte zu träumen. Übermütig tauchte sie die Hände ins Wasser, ließ es aufwallen und durch die Finger laufen. Dabei merkte sie nicht, dass sie beobachtet wurde. Ihr entging auch, dass sich am Himmel dunkle Wolken zusammenschoben. Plötzlich leuchtete ein Blitz auf, und der Donnerschlag ließ sie hochfahren. Sie schaffte es gerade noch ins Haus, dann brach ein Unwetter los. Hagel vernichtete ringsum die Ernte, lediglich Windlahn blieb verschont.

Ein paar Tage später rief Anna Barbara und Kunz in die Stube. „Ich muss euch sagen, was im Dorf gemunkelt wird, das bin ich euch schuldig", begann sie scheinheilig. „Barbara soll Unwetter herbeihexen und dorthin lenken können, wo sie will. Wenn sie die Hände in den Brunnen hält und das Wasser hin- und herbewegt. Sie soll schuld am Hagelschlag sein."

Barbara war fassungslos. „Nicht schon wieder! Ich kann nicht hexen! Spinnen denn alle?"

„Wer fantasiert sich so was zusammen?", pflichtete Kunz ihr grimmig bei und wollte von Anna wissen, von wem sie das gehört hatte.

„Von wem? Herrschaftszeiten, man redet im Tal von nichts anderem", antwortete sie. „Barbaras Mutter und Angela sollen auch mit der Hexerei zu tun haben. Du musst die Leute nur fragen."

„Das werde ich", erwiderte Kunz und begab sich auf der Stelle nach Sarnthein. Als er zurückkam, sprach er mit Barbara kein Wort mehr. Er hatte plötzlich Angst vor ihr, das sah man ihm an. Er ließ sie mit den Kindern nicht mehr allein und zog aus der gemeinsamen Schlafkammer aus. Nachts schloss er sogar die Haustür ab, was er bisher noch nie getan hatte. Er dachte wohl, der Teufel könne unbemerkt hereinspazieren. Oder Barbara würde sich ins Dorf schleichen und dort jemandem Schaden zufügen. Als ob sie das könnte, jemandem schaden.

Das war alles so abwegig, so unfassbar! Genau wie das, was Kunz seiner Frau von Anna ausrichten ließ. Dass sie es nicht wagen solle, noch einmal die Mutter und Angela zu besuchen. Barbara tat es trotzdem. Sie waren die einzige Stütze, die sie noch hatte.

Nach einer Weile aber wurde die Mutter krank und verstarb, daraufhin packte Angela schweren Herzens ein paar Sachen zusammen und zog aus dem Sarntal fort. Barbara hatte sie dazu ermutigt. „Fang irgendwo neu an. Das hier ist doch kein Leben", hatte sie gesagt. Also war Angela gegangen.

Danach begann Barbara, sich zu verändern. Anfangs war sie nur etwas durcheinander, aber bald war sie ganz wirr im Kopf. Sie vergaß, sich zu waschen, sie tappte ungekämmt und in schmutzigen Kleidern durch die Gegend.

„He, zottelige Pachlerin!", riefen die Leute, wenn sie ihnen über den Weg lief. „Verhaften wird man dich, du garstiges Weib!"

Das geschah auch. Barbara wurde von Gerichtsdienern aufgegriffen und im Schloss Reinegg verhört. Dabei wurde ihr so manches

Leid zugefügt, weshalb sie alles gestand: den Bund mit dem Teufel, die Hexerei, diese Sachen eben, die nie und nimmer stimmten, hinten und vorne nicht.

Zum Prozess kam es dennoch, und das Urteil war kein schönes. Barbara vernahm es, begriff in ihrer Verwirrung aber wohl nicht, was es bedeutete. Sie war in ihrer Welt und mit anderen Dingen beschäftigt. Mit den Schafen vom Pachlerhof, deren Schellen sie im Gerichtssaal zu hören glaubte. Und mit Bless, der Kuh, von der sie dachte, sie stände vor ihr und blickte sie mit Samtaugen an.

Barbaras Gedanken waren auch bei den Kindern. Sie sah sie daheim lachen, und dieses Lachen brachte ihr ein kleines Glück.

Glück, es hätte für sie kein flüchtiges Wort sein müssen. Doch da war Annas Neid. Da waren ihre Lügen, die Albert geglaubt und weitererzählt hatte. Da waren der Neid und der Aberglauben, die über Barbaras Leben entschieden hatten, über ihr Leben, das so oder so ähnlich verlaufen sein könnte, wie es hier geschrieben steht.

# Die Grenzsteinversetzer

Es war spät am Abend. In Mals schliefen die meisten Leute bereits, Sepp hingegen war auf seiner Wiese und schlug das Blech in den kleinen Wasserlauf, den sogenannten Waal. Daraufhin staute sich das Wasser und floss ins Gras.

Wie Sepp das liebte: das leise Gluckern und die Ruhe um diese Zeit. Er hätte nie mit Bauersleuten getauscht, die ihre Felder bei Tag bewässerten. Abends waren die Glühwürmchen da, diese wunderbare Laune der Natur. Heute schien der Mond, und sein Licht ließ die Berge aussehen wie dunklen Samt. Darüber war der Nachthimmel gespannt, und die Sterne waren hingestreuter glitzernder Sand.

Nach einer Weile stellte Sepp das Blech weiter, später dann wieder und das so oft, bis die ganze Wiese Wasser bekommen hatte. Es musste für die nächsten vierzehn Tage reichen. Das war lange hin in einem heißen Sommer wie diesem.

Als Sepp mit dem Bewässern fertig war, schlug die Uhr am Malser Kirchturm gerade zwölf. „Mitternacht, Zeit, sich aufs Ohr zu legen“, sagte Sepp und wollte heimwärts gehen.

Aber was war das für eine weiße Gestalt am Grenzstein? Da will mich jemand necken, dachte Sepp und fragte: „He, hast du nichts Besseres zu tun?“

Die Gestalt gab keine Antwort, mit einem Mal aber stand eine weitere daneben. Die beiden begannen, um den Grenzstein herumzugehen.

„Ihr seid mir zwei komische Vögel“, meinte Sepp und hätte auch gleich drei sagen können.

Warum? Weil sich nun am Grenzstein eine dritte Gestalt zeigte. Im Unterschied zu den anderen war sie allerdings schwarz.

„Mit wem hab ich denn die Ehre?“, fragte Sepp, ging auf die Gestalten zu, aber nur ein paar Schritte. „Jesus und Maria, das ... sind ...“, stotterte er. Die zwei weißen Gestalten waren nämlich seine Vettern, seine verstorbenen Vettern, wohlgemerkt! Die schwarze Gestalt hingegen kannte er nicht. Sie hatte auf einmal feuerrote Augen, trug den Kopf unter dem Arm und sagte mit schauriger Stimme: „Komm ruhig näher, Freundchen.“

„Jesus und Maria!“, entfuhr es Sepp wieder. Dann machte er kehrt, rannte, stolperte, rappelte sich in Windeseile auf, rannte weiter und weiter und erreichte schließlich seinen Hof in Mals. Ihm war schlecht. Fieber hatte er auch. Vor lauter Angst.

Als die Wiese erneut bewässert werden musste, übernahm Alois, sein Knecht, diese Arbeit. Ihm erging es nicht anders als Sepp. Die Gestalten erschreckten ihn fast zu Tode, auch er rannte heim und hatte Fieber. Sepp wiederum hatte ein schlechtes Gewissen. Er hätte Alois nie zur Wiese gehen lassen dürfen.

Sobald der Knecht sich von dem Fieber erholt hatte, erzählte Sepp ihm von den verstorbenen Vettern. Sie hatten zu Lebzeiten den Grenzstein versetzt, um ein Stück Grund dazuzugewinnen. So musste es gewesen sein. Zur Strafe waren sie nun Geister und wurden von dem schwarzen Wesen bewacht.

„Sauber!“, sagte Alois. „Da kann nur einer helfen. Der Pfarrer.“

Also gingen die beiden zum Pfarrer. Der riet ihnen eindringlich, die weißen Gestalten zu erlösen. „Ihr müsst um Mitternacht zur Wiese gehen, sie beim Namen rufen und nach ihren Wünschen fragen“, erklärte er. „Aber nehmt euch in Acht vor der schwarzen Gestalt. Das ist der Teufel höchstpersönlich, und den ... kann keiner erlösen!"

Sepp schluckte ein paar Mal, und Alois gab auf dem Heimweg keinen Ton mehr von sich. Erst am Abend machte er den Mund wieder auf. „Mit dem Teufel will ich nichts zu tun haben!", entschied er. „Und überhaupt, das sind deine Vettern."

„Sag das nicht! Hilf mir, bitte, sonst rennen die noch in hundert Jahren um den Grenzstein herum! Ich trau mich da alleine doch nicht hin." Sepp flehte umsonst, denn Alois drehte ihm den Rücken zu. Was nun? Mann, Mann, Mann!

Sepp wartete, bis die Wiese wieder zu bewässern war, nahm dann seinen ganzen Mut zusammen und ließ das Wasser in den Waal laufen. Es war eine schwüle, mondlose Nacht, ein Waldkauz tönte schaurig huh-huh, huh-huh.

Die Kirchturmuhr schlug elf, halb zwölf, Mitternacht. Da waren sie wieder, die drei Gestalten! Seine Vettern schnitten Grimassen, der Schwarze verdrehte fürchterlich die Augen. Dieser Anblick ließ Sepp das Blut in den Adern stocken. Doch es nützte nichts; er musste tun, was der Pfarrer gesagt hatte.

„Albert", rief er schnell, „hast du einen Wunsch?"

Tatsächlich, einer der Vettern nickte. Vor dem Teufel traute er sich aber nichts zu sagen, und so fragte Sepp gleich weiter: „Gustav, hast du einen Wunsch?"

Dieser Vetter antwortete, wenn auch nur verhalten. „Ja, ich will meinen Fehler gutmachen."

Sepp fragte, wie das gehen sollte, aber, oh je, im selben Moment sprühten aus den Augen der schwarzen Gestalt Funken, Hörner wuchsen aus ihrem Kopf, und am Grenzstein stand – wie der Pfarrer gesagt hatte – der leibhaftige Teufel. Er brüllte und ging auf Sepp zu, mit immer größer werdenden Schritten.

Der kam dieses Mal gar nicht dazu „Jesus und Maria!" zu sagen. Er rannte einfach nur weg, fiel prompt in den Waal, kam wieder auf die Beine und floh weiter. Doch der Teufel verfolgte ihn. Er holte auf, war bereits hinter ihm, griff nach ihm, großer Gott!

In letzter Sekunde bog Sepp in ein Waldstück ab, duckte sich, schlich weiter und hängte den Teufel doch noch ab. Sepp war natürlich froh darüber, aber er ärgerte sich auch. Er hatte nämlich nichts erreicht, gar nichts! Außer, dass er dieses Mal kein Fieber hatte. Ob das daran lag, dass ihm ein Gedanke gekommen war?

Dieser Gedanke ließ ihn am Morgen eine alte Bäuerin aufsuchen, deren Wiese an seine grenzte. Die Bäuerin bestätigte das, was Sepp vermutete: Seine Vettern hatten den Grenzstein in ihren Grund hineinversetzt. Sie hatte ihnen das aber nicht nachweisen können.

„Scheißkerle", schimpfte Sepp und stellte den Grenzstein noch am selben Abend zurück.

Danach versteckte er sich in der Nähe und wartete gespannt, bis die Uhr am Malser Kirchturm Mitternacht schlug. Er wartete bis eins und bis zwei, aber weder die Vettern noch der Teufel tauchten auf. Diese Sache war ausgestanden, ein für alle Mal, und der Gerechtigkeit war auch Genüge getan. So konnte Sepp sich wieder freuen. Über die Ruhe und über die Glühwürmchen, diese wunderbare Laune der Natur.

# Der Zauberer Oberleitner

Es war nach Mitternacht. In Terenten waren die Leute längst zu Bett gegangen, nur beim Oberleitnerhof brannte noch Licht. Zwei Männer saßen am Küchentisch. Es waren der Bauer selbst und einer, der ihn in letzter Zeit öfters besuchte. Einer, der immer nur nachts kam.

Dieses Mal hatte er ein Buch mitgebracht, in dem der Oberleitner neugierig blätterte. Aber, du lieber Himmel, was war das für ein Buch? Auf dem Umschlag war ein Totenkopf abgebildet, auf jeder Seite waren merkwürdige Zeichen, und die Schrift war rot wie Blut.

„Na, bist du mit dem neuen Buch zufrieden?", fragte der Gast mit einer Stimme, die lockend und zugleich düster und verschlagen klang.

Der Oberleitner nickte. „Und ob ich zufrieden bin. Das Rezept von Seite hundertneun muss ich sofort ausprobieren." Rasch stellte er Töpfe auf den Herd und wollte Feuer machen, konnte die Zündhölzer aber nicht finden. Waren sie unter seine vielen Nachschlagewerke geraten? Oder unter seine Notizzettelflut?

„Ich sag's ja, vom ständigen Studieren wird man wirr im Kopf", meinte der Gast, der kein anderer als der Teufel war. „Du wirst staunen, wie leicht das Zaubern mit meinem Buch ist. Wenn du diesen Vertrag unterschreibst, gehört es dir." Er griff unter den Umhang und legte ein Schriftstück auf den Tisch. „Ewig Zeit hast du aber nicht. Ich muss weiter, zur nächsten Kundschaft."

Ah, da beeilte sich der Oberleitner aber. Er ließ die Zündhölzer Zündhölzer sein, unterschrieb den Vertrag und versteckte dabei ein Grinsen. Als der Teufel gegangen war, hing es überall in seinem Gesicht. „Unterschrift hin oder her, der kriegt mich nicht", dachte er laut. „Der will meine Seele holen, wenn in meinem Stall ein weißes Kalb zur Welt kommt. Ein weißes Kalb hat es im Pustertal aber noch nie gegeben."

Dem Oberleitner ging aber noch ein anderer Gedanke durch den Kopf. „Was ist mit dem lieben Gott? Mein Pakt mit dem Teufel wird ihm sicher nicht gefallen. Tja ... Hm ... Geh, was soll's, eine Sünde ist keine Sünde. Der da oben wird wohl ein Auge zudrücken."

Damit war dieses Thema vom Tisch; der Oberleitner weckte seinen Knecht und las ihm das Rezept von Seite hundertneun vor. „Flott, flott", sagte er dann. „Zündhölzer suchen, Feuer machen."

„Jetzt wird Hexensalbe angerührt", fügte der Knecht hinzu, und schon ging's los.

Voller Eifer richteten die beiden verschiedene Zutaten her und vermengten sie in Töpfen. Giftige Pilze und Beeren, zerstoßene Rabenkrallen und Skorpionstachel ... Beim Kochen stieg ein solcher Rauch auf, dass die Küche schwarz wurde.

Am nächsten Tag kamen Zimmerleute auf den Hof. Der Oberleitner hatte sie herbestellt, sie sollten ihm eine Scheune bauen.

„Aber womit?", fragten sie ihn, nachdem sie sich umgesehen hatten. „Du hast kein Holz besorgt, nicht ein Stück. Was soll das, willst du uns für dumm verkaufen?"

„Woher denn", gab der Oberleitner zurück. „Nur Geduld, gleich ist das Bauholz da."

Er lachte verschmitzt, band den Hahn, der auf dem Misthaufen nach Futter scharrte, an eine Schnur und schickte den Knecht damit in den Wald. Um was zu tun? Um Bauholz zu holen, natürlich.

Als der Knecht wiederkam, zog der Hahn aber nur ein Bündel Strohhalme hinter sich her, nicht mehr und nicht weniger.

„Was für eine Fuhre Holz!", spotteten die Zimmerleute nun. „Und was für ein Zugpferd! Bauer, du bist reif für das Narrenhaus!"

Der Oberleitner ließ sich von ihnen nicht beirren, bestrich die Strohhalme mit Hexensalbe, und schwupp, im Hof lag so viel Bauholz, dass es für zwei Scheunen gereicht hätte.

Mit Spotten war jetzt nichts mehr. Die Zimmerleute machten sich schnellstens an die Arbeit, der Oberleitner hingegen zwinkerte dem Knecht zu und widmete sich wieder dem neuen Buch. Wenn dieses Zauberstück schon so gut geklappt hatte, würden ihm bald auch andere gelingen.

Und tatsächlich: Ein paar Wochen später konnte er zwischen den Talseiten hin- und herfliegen. Er wusste, wie man Menschen und Tiere unbeweglich macht. Wollte er jemanden ärgern, zauberte er ihm Mäuse auf den Tisch. Und wenn er Hunger hatte, hexte er anderen Leuten das Essen von den Tellern, ganz flott ging das. Oder er ging wildern. Dabei verhexte er den Jagdaufsehern die Gewehre, sodass die Kugeln, die sie abfeuerten, ihn nicht trafen, sondern zu ihnen zurückflogen. Ha, wie der Oberleitner da lachte. Diese Art der Zauberei, die war wirklich genial.

Das blieb sie auch. Aber, man ahnt es wohl, nur für eine bestimmte Zeit. Nur bis auf dem Oberleitnerhof ... doch ein weißes Kalb zur Welt kam.

„Kruzifix!", rief der Bauer und wurde vor Schreck wachsgelb im Gesicht. Er befahl dem Knecht, sämtliche Zaubersachen in den Bach zu werfen, in die Rienz, und zwar sofort.

Der Knecht erledigte das, hinterher fragte ihn der Oberleitner: „Wie ist das Wasser gewesen, als du das Zeug hineingeworfen hast?"

Die Antwort lautete: „Trüb, wie gestern."

„Was, nur trüb?", schrie der Oberleitner. „Bist du verrückt? Dann hast du nicht alles zur Rienz mitgenommen! Mit der Zauberei muss Schluss sein, sonst schmore ich in der Hölle, verstehst du?"

Jetzt wurde auch dem Knecht der Ernst der Lage bewusst. Er suchte schleunigst die restlichen Sachen zusammen, rannte damit los, stellte sich an das Ufer und warf ein Nachschlagewerk hinein. Du liebe Zeit, wie das Wasser schäumte!

Er warf ein paar Notizzettel hinein. Oh, wie das Wasser zischte!

Beim Buch mit dem Totenkopf aber färbte es sich blutrot und fing so wild zu brodeln an, dass der Knecht entsetzt nach Hause lief.

Dort hatte sich der Oberleitner inzwischen versteckt, im hintersten Winkel. Er betete ohne Unterlass, rief dabei alle Heiligen an, die er kannte, und setzte aus Angst vor dem Teufel tagelang keinen Schritt mehr vor die Tür.

Als er sich doch aus dem Haus wagte, traute er sich nicht mehr, zum Himmel aufzublicken, so sehr schämte er sich vor dem lieben Gott. Wegen des Paktes mit dem Teufel und wegen der Zauberei. Da konnte er nur hoffen, dass der liebe Gott weiterhin ein Auge zudrückte und dass der Teufel ihn, den Oberleitner, weiterhin in Ruhe ließ.

13

# Das beschenkte Nörggele

Auf dem sonnigen Bergrücken zwischen Meran und Bozen, auf dem sogenannten Tschögglberg, liegt der Weiler Afing. Dort lebte einmal eine Bauernfamilie. Ihr Hof war klein, man kam mit Ach und Krach über die Runden.

Aber dann brach sich der Bauer ein Bein. Er lag tagelang mit Schmerzen im Bett und konnte nichts anderes tun als sie aushalten und die unerledigten Arbeiten aufzählen.

Eines Abends saß die Bäuerin mit den Kindern am Tisch, doch es gab nur noch Brotreste und ein Schälchen Milch für jeden. Während die Bäuerin dem Jüngsten über das Haar strich, ging ihr Blick zum Herrgottswinkel. Hatte der liebe Gott sie und ihre Familie vergessen?

Kurze Zeit später klopfte ein kleiner Waldgeist an die Haustür, ein Nörggele. Es hatte einen langen weißen Bart und lispelte beim Sprechen.

„Mir ist zu Ohren gekommen, dass ihr in Not seid", sagte es. „Ich kann dem Bauern helfen."

Das ließ die armen Leute hoffen, die Bäuerin bat das Nörggele herein. Im Nu war es von den Kindern umringt.

„Kannst du unseren Vater wirklich gesund machen?", fragte Hermine, die Älteste. Und Mathias, der Jüngste bettelte: „Bitte, mach ganz schnell."

Weil danach alle Kinder gleichzeitig redeten, musste das Nörggele sich die Ohren zuhalten. „Jetzt ist aber Ruhe!", befahl es, schmunzelte dabei allerdings. „Ab mit euch in die Betten. Morgen werdet ihr schon sehen."

Die Kinder gehorchten, das Nörggele hingegen ging zum Bauern in die Kammer und ließ sich das Bein zeigen. Dann holte es allerlei Kräuter aus seinem Rucksack, legte sie auf das Bein, sagte seltsame Sprüche auf und wollte zu keinem Ende kommen. Da schüttelte der Bauer heimlich den Kopf, behielt seine Zweifel aber für sich, denn er wollte nicht undankbar sein. Stattdessen bot er – weil es spät geworden war – dem Nörggele ein Nachtlager an.

Er selbst wollte auch schlafen, die Bäuerin ging ebenfalls zu Bett. Als sie am Morgen aufwachte und in die Küche kam, fiel sie aus allen Wolken. Der Bauer war längst aufgestanden, hatte von den Nachbarn Mehl geliehen und Brot gebacken. Er hatte auch die Kinder geweckt und Frühstück gemacht. Sein Bein war wieder gesund! Es war unglaublich, das Nörggele hatte ihn doch geheilt!

Alle schweren Gedanken waren wie fortgeblasen, die Bäuerin fiel ihrem Mann und den Kindern um den Hals und herzte erst recht das Nörggele, das gerade zur Tür hereinkam. Es hatte Holz gehackt und im Anger die Frühbirnen aufgelesen. Nun ließ es die Bauersleute auch noch wissen, dass es bei ihnen bleiben wollte. „Ihr könnt jede Hand brauchen", meinte es. „Auf dem Feld, im Stall, ich will überall mit anpacken. Ich will auch nichts dafür. Im Gegenteil, ihr dürft mir gar nichts geben. Nur die Kost und ein Bett zum Schlafen."

Die Bauersleute versprachen ihm das, ohne zu zögern. Wenn der kleine Waldgeist, den sie gern mochten, nur dablieb. Und überhaupt, was hätten sie ihm schon geben können außer ihren Dank? Sie hatten doch nichts.

„Abgemacht", sagte das Nörggele und war nicht mehr zu bremsen. Es half beim Heumähen, beim Harken im Kartoffelacker, beim Jäten im Garten und später beim Kornschneiden. Es schien nie müde zu werden. Abends erzählte es den Kindern schöne Geschichten, und über Nacht putzte es sogar das Werkzeug blank.

So brachen auf dem Hof bald bessere Zeiten an. Die Bauersleute konnten das geliehene Mehl zurückgeben und Kartoffeln verkaufen. Für das Geld, das sie dafür bekamen, ließen sie den Schneider kommen. Sie brauchten neue Kleider. Das Nörggele sollte auch ein Gewand kriegen. Sein altes war abgewetzt und löchrig. Nicht, dass der kleine Mann sich verkühlte. Der Sommer ging zu Ende, es wurde allmählich frisch auf dem Tschögglberg.

Ah, noch etwas: Das Gewand sollte eine Überraschung sein. Also machte die Bauernfamilie ein Geheimnis daraus und blickte voller Erwartung dem Tag entgegen, an dem der Schneider mit dem Nähen fertig war.

„Kommt in die Stube!", riefen die Bäuerin und der Bauer und teilten die Kleider aus, wobei die Kinder zuerst an die Reihe kamen.

„Aber hallo, damit könnt ihr euch schon sehen lassen!", scherzte das Nörggele und pfiff durch die Zähne.

Es lobte auch den neuen Rock der Bäuerin und das neue Hemd des Bauern und sagte: „Kompliment, da hat der Schneider wirklich gut gearbeitet."

„Das finden wir auch", antworteten die beiden und hielten ihm eine kleine gefütterte Hose und ein rotes Jäckchen mit schwarzen Knöpfen hin.

„Oh!", rief das Nörggele und wurde mit einem Schlag ernst. „Das ... das ist doch nicht etwa für ...?"

„Doch", sagte die Bäuerin, und der Bauer legte ihm die Hand auf die Schulter. „Wir wissen, warum wir dir nichts geben sollen. Weil du uns nicht zur Last fallen willst. Aber das tust du nicht. Nimm das Gewand. Du brauchst es unbedingt."

Das sah das Nörggele ein; es drückte das Gewand an sich und bedankte sich herzlich dafür. Es strahlte sichtlich, war zugleich aber auch traurig.

Auf einmal ging alles ganz schnell. Das Nörggele holte seinen Rucksack, rannte aus dem Haus, über den Hof, durch den Anger. Am Zaun blieb es stehen und schluchzte: „Jetzt muss ich fort von diesem Ort. Lebt wohl für immer. Ich komme nimmer."

Die Bauernfamilie lief ihm nach und rief verzweifelt: „Komm zurück, du gehörst doch zu uns!"

Das Nörggele kam aber nicht zurück. Es stieg über den Zaun und verschwand im Wald, da half auch tagelanges Suchen nichts.

Zurück blieb aber das Glück, das es auf den Hof gebracht hatte, und schließlich begriffen die Bauersleute: Der kleine Waldgeist hatte weiterziehen müssen, zu anderen Menschen, die in Not waren und seine Hilfe brauchten. Und das war doch sehr tröstlich.

# Die Haselhexe

„Komm, du musst auch auf die Weide, Flocke!", rief Martin und versuchte, im Stall ein Lamm zu fangen, das den Anschluss an die Schafherde verpasst hatte.

Als er es erwischte, hob er es hoch und wollte es in den Hof tragen. Dort waren der Hirtenhund Max und Lena, die Magd. Sie stand am Zaun und hielt für die Herde das Gatter auf.

Martin stand noch halb in der Tür, da kam ihm Lena auch schon entgegen. „Mach schneller, du Rotzbub! Ich kann nicht ewig am Zaun auf dich warten!", schnarrte sie und verpasste ihm unversehens eine Ohrfeige. Aber eine, die sich gewaschen hatte.

Seine Wange brannte noch, als er mit den Schafen auf der Weide war. Fünf Tage war er nun auf diesem Hof im Vinschgau, aber das war bereits die vierte Ohrfeige. Von Lena. Natürlich. Wegen nichts, gar nichts!

„Blödes Weib!", murmelte Martin und kraulte dem Hirtenhund das Fell.

Dafür leckte der ihm über Mund und Nase. Zumindest Max war nett, ein echter Freund. Er mochte Lena auch nicht. Vielleicht schlug sie auch ihn, heimlich.

Am Abend erzählte Martin der Bäuerin von den Ohrfeigen und hoffte, dass sie ihm helfen würde. Aber falsch gedacht. „Darfst die Lena halt nicht zornig machen", sagte sie. „Das ist die beste Magd, die ich je hatte. Seit sie da ist, geben die Kühe viel mehr Milch als früher."

„Beste Magd, pah!", brummte Martin und dachte mit Schrecken an den nächsten Tag. Die Bäuerin hatte ihm aufgetragen, Laub aus dem Kastanienwald zu holen. Mit Lena. Da konnte er gleich eine Ohrfeigen-Strichliste anlegen.

Am nächsten Morgen griff sich Lena einen Korb und einen Rechen und ging los. Martin folgte ihr, hielt sicherheitshalber aber Abstand. Max durfte nicht mit, leider. Er musste bei den Schafen bleiben.

Im Kastanienwald begann Martin sofort mit der Arbeit, doch Lena kommandierte ihn trotzdem herum. „Alles zusammenrechen, aber flott! Danach die Körbe füllen! Ich werde Haselnüsse suchen. Lass dir nur nicht einfallen, mir nachzugehen! Du weißt, was dir sonst blüht!"

Und ob ich das weiß, dachte Martin, machte zügig weiter und gönnte sich erst eine Pause, als er das ganze Laub zu Haufen zusammengerecht hatte. Allmählich fragte er sich auch, wo Lena so lange blieb. Und warum hatte sie ihm verboten, ihr nachzugehen? Das mit den Haselnüssen war jedenfalls eine Ausrede gewesen. Die Bäuerin hatte erst gestern gesagt, dass dieses Jahr kaum welche zu finden waren.

Martin wurde neugierig, lehnte seinen Rechen an einen Baum und lief den Weg entlang, den Lena eingeschlagen hatte. Mit einem Mal blieb er stehen und lauschte. Was war das für ein Lärm? Woher kam der?

Martin bog vom Weg ab, duckte sich nieder, drückte Zweige zur Seite. Du liebe Zeit, auf einer Lichtung tanzten Frauen, mindestens zwanzig. Sie wirbelten wild herum, kreischten und lachten.

Hexen, schoss es Martin durch den Kopf. Und die mit den langen Zöpfen ist – Lena! Sie stritt sich mit einer anderen Hexe, riss sie am Ohr und schrie: „Du bist so ein Miststück, Berta!"

Die andere ließ sich das nicht gefallen, zog Lena an den Zöpfen und kreischte: „Selber Miststück!"

„Und was für eins!", riefen ein paar von den anderen Hexen und mischten sich nun auch in den Streit ein.

Sie packten Lena, drückten sie zu Boden. Dann machte es ritsch und ratsch, Fleischstücke und Knochen flogen nach allen Seiten. Du lieber Himmel, die Hexen hatten Lena in Stücke gerissen. Martin wurde vor Angst fast schlecht, aber auf der Lichtung ging es weiter. Eine alte Hexe tat sich hervor und rief: „Das reicht! Los, setzt Lena wieder zusammen!"

Die anderen Hexen gehorchten, sammelten die Fleischstücke und Knochen wieder ein und reihten sie auf dem Boden aneinander. Dabei stellte sich heraus, dass das linke Schlüsselbein fehlte.

„Wie dumm", sagte die Alte, suchte es eine Weile, aber vergebens.

Schließlich brach sie einen Zweig von einem Haselnussstrauch und ersetzte damit das Schlüsselbein. Dann sprach sie einen Zauber aus, klatschte in die Hände, und siehe da, Lena erhob sich und war wieder lebendig.

Die Alte war mit dem Zauber offensichtlich zufrieden, tätschelte Lenas Wange und sprach: „Ja, ja, meine Liebe, du bist wieder ganz. Wenn du das bleiben willst, musst du künftig aber gut aufpassen."

„Aufpassen?", fragte Lena. „Worauf?"

Die Alte ließ den Kopf hin- und hergehen. „Darauf, dass dich niemand Haselhexe nennt."

„Aha, so heißt die jetzt", murmelte Martin und hatte genug gehört.

Er schlich zum Weg, lief zum Kastanienwald zurück und stopfte das Laub in die Körbe. Er war schnell, aber nicht schnell genug.

Lena kam zurück und schrie: „Du bist gar nicht fertig! Was hast du denn die ganze Zeit über gemacht?!"

„Ich ... ich ...", stotterte Martin und starrte Lena entsetzt an. Was war, wenn sie, die Hexe, seine Gedanken lesen konnte? Wusste sie womöglich, dass er ihr nachgegangen war? Und wozu griff sie nach einer Rute? Um ihn zu schlagen oder zu verzaubern? „Haselhexe! Du bist die Haselhexe!", rief er in seiner Not.

Nun war es Lena, die ihn anstarrte, mit ungläubigem Blick. „Woher weißt du ...?", fragte sie noch, dann fiel ihr die Rute aus der Hand. Es knirschte und knackte. Als das aufhörte, zerfiel sie in Stücke, und Martin konnte aufatmen.

In Windeseile lief er zum Hof und erzählte der Bäuerin, was geschehen war. Man kann sich vorstellen, wie die dreinschaute. Und wie froh sie war, die Hexe los zu sein.

„So eine war das!", rief sie und verlor danach kein Wort mehr über Lena. Beste Magd, die wir je hatten – das war einmal.

Die Ohrfeigen gehörten ebenfalls der Vergangenheit an, und so konnte Martin sich die Strichliste sparen. Jetzt konnte er sich auch freuen: auf die Zeit, die er auf dem Hof im Vinschgau verbringen würde. Mit den Schafen und mit dem Lamm Flocke, auf das er gut aufpassen würde. Mit seinem Freund Max natürlich.

# Ritter Prack

Es war im Gadertal. Ritter Prack saß auf seinem Pferd Sturmwind und ritt, gefolgt von seinen Knappen, durch den Plaieswald.

„Holzfrevler! Schon wieder!", rief er nach einer Wegbiegung und zeigte auf zwei Männer, die Baumstämme auf Pferdewagen luden.

Es war immer dasselbe. Dieses Lumpenpack fällte die schönsten Bäume, um die Stämme nach Venedig zu verkaufen. Im Auftrag der Herren von Colz. Genau, diese sauberen Colzen, die Besitzer von Schloss Thurn, das oberhalb von St. Martin in Thurn steht. Die beiden waren Vater und Sohn. Der eine war wie der andere, aalglatt und hintertrieben.

Ritter Prack gab seinen Knappen ein Zeichen, kurz darauf waren die Holzfrevler gefasst. Einsperren wollte er sie, im finstersten Verließ seiner Burg Asch in Enneberg. Oder ... Moment, er könnte auch ...

„Haut bloß ab!", schnarrte der Ritter nun und verpasste den Holzfrevlern anstelle der angedachten Strafe ein paar Fußtritte. „Geht zu den Colzen und richtet ihnen aus, dass sie das Letzte sind. Nein, dass sie Abschaum sind."

Dann legte er noch ein paar Fußtritte nach. Ha, wie die Holzfrevler jetzt rannten, wie die Hasen hoppelten sie. Da konnte der Ritter nur grinsen. „Etwas wehleidig die Burschen, was?", meinte er. „Und die Colzen, die werden auch leiden, wenn sie erfahren, dass diese Holzfuhre beschlagnahmt ist. Ich sehe sie schon Rachepläne schmieden."

„Und was für welche", bestätigten die Knappen und grinsten zurück.

Sorgen machten sie sich um Ritter Prack keine. Was sollte ihm auch passieren? Er hatte Sturmwind. Er war der beste Reiter weit und breit. Und beim Schießen konnte ihm sowieso keiner das Wasser reichen.

Es kam wie erwartet: Die Colzen lauerten dem Ritter auf und beschossen ihn von links und rechts. Ob sie trafen? Nicht im Entferntesten. Was für eine Frage!

Irgendwann hatte der Ritter aber keine Lust mehr, für sie die Zielscheibe zu spielen, also drehte er den Spieß um und schoss aus großer Entfernung auf den Sattelknopf des Pferdes, auf dem der junge Colz saß. Auf den Sattelknopf, das will etwas heißen, und er traf ihn auch noch. Seine Knappen kugelten sich vor Lachen und lachten gleich noch mehr, denn das Pferd des Colzen erschrak, warf den Reiter ab und dann ... gab es eine Kuhfladenlandung.

„Hoffentlich ist der Mist noch frisch und warm!", prusteten die Knappen.

„So warm wie ich mich jetzt anziehen muss", setzte der Ritter drauf. „Ha, ha, ha."

Das musste er wohl, sich warm anziehen. Die Colzen schäumten nämlich vor Wut.

Am nächsten Tag stieg Ritter Prack auf sein Pferd und brach nach Ampezzo auf. Er wollte seine Liebste besuchen, Sidonie von Winkelhofen. Er musste zu ihr. Trotz der Colzen. Trotz des Weges, der streckenweise sehr gefährlich war. Er ging durch das Gebirge, schlängelte sich am Rand einer Schlucht vorbei und führte über eine schmale Holzbrücke, unter der in der Tiefe der Travenanzesbach floss. Doch wie gesagt, Ritter Prack musste zu Sidonie. Er hatte einen Verlobungsring bei sich und wollte ihr einen Heiratsantrag machen. Ob sie Ja sagen würde? Ob sie einen Abenteurer wie ihn haben wollte?

Als er später wieder heimwärts ritt, kannte er die Antwort. Was heißt „ritt"? Der gute Mann schwebte. Er würde Sidonie zum Traualtar führen. Das wird eine Hochzeit! Ein Fest, herrlich!

Erfüllt von diesen Gedanken ließ der Ritter Sturmwind vorantraben; später, bei der Schlucht, ließ er ihn langsamer gehen. Es war noch früh am Morgen, das Dämmerlicht war fadengrau, und die Sicht war begrenzt.

Aber was hatte Sturmwind auf einmal? Wieso wieherte er und blieb stehen?

„In Dreiteufelsnamen!", entfuhr es dem Ritter.

Die Brücke war weg! Was war geschehen?

Die Antwort kam schnell und unerwartet. „Da hat jemand nachgeholfen. Ratet mal, wer, verehrter Franz Wilhelm von Prack zu Asch", spotteten die Colzen und sprangen hinter dem Ritter aus einem Versteck, zusammen mit einigen Halunken aus dem Cadore. Sie waren bis an die Zähne bewaffnet. Sie versperrten dem Ritter den Rückweg. Oh je, dem blieb wohl nichts anderes übrig: Er musste sich ergeben. Oder?

„So weit kommt's noch!", rief er. „Lauf, Sturmwind, lauf!"

Das Pferd gehorchte, jagte los, galoppierte auf den Abgrund zu und setzte zum Sprung an. Danach hörte der Ritter nur noch das Rauschen der Luft und den Hohn der Colzen.

„Wir müssen den Prack gar nicht erschießen", tönten sie. „Der schießt sich grad selbst ab!"

Und, tat er das? Gingen ihre Rachepläne dieses Mal auf?

Tja, noch war nichts entschieden. Noch gähnte unter dem Ritter der Abgrund, und die Zeit schien stillzustehen. Sturmwind holte alles aus sich heraus. Er streckte sich, erreichte schließlich die gegenüberliegende Seite der Schlucht, aber leider nur mit den Vorderbeinen. Mit den Hinterbeinen rutschte er ab und drohte in den Abgrund zu stürzen. Das durfte nicht sein, auf keinen Fall!

„Halt durch!", rief der Ritter, sprang in Windeseile vom Sattel aus auf sicheren Boden, packte sein Pferd beherzt am Hals und zog es nach oben. „Mein tapferer Freund", sagte er gleich darauf. „Wenn ich dich nicht hätte." Damit kniete er sich hin, küsste Sturmwinds Hufe und bedankte sich bei ihm dafür, dass er ihn heil über die Schlucht gebracht hatte.

„Wie war das noch mal, wer schießt sich selbst ab?", fragte Ritter Prack dann die Colzen, die am anderen Ende der Schlucht standen und einmal mehr vor Wut schäumten.

Er winkte ihnen auch noch zu und rief: „Habe die Ehre. War mir ein Vergnügen. Immer wieder gern, ihr Pfeifen."

Danach stieg er in den Sattel, ließ Sturmwind antraben und ritt nach Hause. Dort hatte er einiges zu erledigen. Wegen der Hochzeit. Denn: Sidonie hatte Ja gesagt, zu ihm, dem Abenteurer.

# Der Schatz auf dem Tobel

Es war spät am Abend. Im Reintal schlief man bereits, nur beim Mair in der Aue brannte noch Licht. Die Bäuerin war gerade ins Nachthemd geschlüpft und wollte noch das Fenster schließen, da sah sie auf dem Tobel einen rötlichen Schein. „Feuer!“, rief sie erschrocken. „In der Burgruine ist Feuer!“

Der Bauer, die Mägde und Knechte, alle wachten auf. Sie rannten in den Hof, griffen nach Schaufeln, holten mit Kübeln am Brunnen Wasser und eilten zur Ruine. Der Wind blies die Funken in den Wald. Nicht auszudenken, wenn es dort zu brennen anfing!

Bei der Ruine angelangt, sahen sich die Leute vom Mair in der Aue verwirrt um. Wo war denn das Feuer? Und Glutnester? Nichts davon war zu sehen. Seltsam. Oder ...? Na, das Ganze war wohl eher gespenstisch.

Das war es erst recht, als es ein paar Tage später in der Burgruine erneut brannte. Dieses Mal blieben die Leute vom Mair in der Aue aber daheim und warteten, bis sich das Feuer wieder gelegt hatte. Dann tupften sie den Zeigefinger ins Weihwasser und bekreuzigten sich. Jetzt war es klar: Auf dem Tobel spukte es!

In den kommenden Wochen geschahen auch um den Tobel herum seltsame Dinge.

Einmal entdeckte ein Hirtenbub beim Burgweg einen Kessel voll Gold. Er wollte ihn nach Hause tragen, doch die Schafe liefen in ein Feld und fraßen dort das saftige Gras. „Was fällt euch ein! Der Bauer reißt mir noch die Ohren ab!“, rief der Bub, trieb die Schafe zum Weg zurück und wollte nun den Schatz holen. Aber was für ein Jammer – das Gold war nicht mehr da.

Ähnlich erging es zwei anderen Buben. Der Kessel stand wieder auf dem Weg, war jedoch so schwer, dass sie ihn nicht anheben konnten. Rasch holten die beiden ihre Eltern, aber umsonst. Das Gold wieder verschwunden. Schade.

Ein paar Wochen später zeigte sich der Schatz einer Frau, die nach Rein unterwegs war. Dieses Mal war es aber kein Kessel mit Gold, sondern ein Handkorb mit Haselnüssen.

Meine Kinder lieben Haselnüsse, dachte die Frau und hätte den Korb gern mitgenommen. Sie hatte aber schwer zu tragen, also ließ sie ihn stehen und steckte lediglich eine Handvoll Haselnüsse in die Schürzentasche, damit die Kinder nicht ganz leer ausgingen. Daheim machte sie große Augen. „Die Haselnüsse sind zu Gold geworden!“, rief sie und lief schleunigst zum Tobel zurück, um den Korb zu holen. Aber der Schatz war nicht mehr da wie bei den Buben. Gemein, nicht wahr?

Diese Geschichten gingen im Reintal von Mund zu Mund. Die Frauen redeten am Waschtag von nichts anderem mehr, und die Männer spielten in den Wirtshäusern nicht mehr Karten, sondern zerbrachen sich den Kopf darüber, wie der Schatz zu heben war. Dabei taten sich vier Burschen besonders hervor: Andreas, Florian, Hannes und Valentin.

Eines Abends sahen sie, dass über der Burgruine Lichter schwebten. Sie schlangen sich wie Ranken ineinander und formten sich zu einem strahlenden Kranz. Er zeigte den Schatz an, ganz sicher. „Gold! Das holen wir uns!“, riefen die Burschen und stürmten los.

Aber der Kranz sprühte auf einmal Funken, die auf das alte Gemäuer fielen und zischend verpufften. Das war Andreas, Florian und Hannes dann doch zu viel. Eingeschüchtert kehrten sie um, Valentin hingegen lief weiter und schimpfte: „Kleinkinder, Hosenscheißer! Rennt nur heim, und esst euren Grießbrei!"

Und er selbst, sollte er nicht auch umkehren?

Pah, woher denn! Der Schatz ist zum Greifen nahe. Der Lichterkranz und das ganze Drum und Dran, das sind doch nur Trugbilder. Und was nicht echt ist, kann mir auch nichts tun. Das dachte Valentin.

Das dachte er auch noch, als er vor der Ruine stand. Mit einem Mal aber wurden die Funken mehr, und das Zischen wurde eindringlich und laut. Nun musste Valentin sich doch Mut zusprechen. „Komm, komm, noch ein paar Schritte, und du bist reich."

Aber wieso erlosch der Kranz plötzlich? Und was war das für ein ... unheimliches Wesen? Es kam aus der Ruine, war rabenschwarz, hatte gelbgrüne Augen, knurrte.

„Gib dir keine Mühe, du machst mir keine Angst. Du bist nichts als Schein, Hokuspokus", sagte Valentin.

Hätte er bloß die Klappe gehalten! Aus dem Knurren wurde jetzt nämlich ein Grollen, und die gelbgrünen Augen färbten sich blutrot. Gleichzeitig fing die Ruine Feuer, und dann, dann machte das Wesen einen Satz nach vorn und wollte Valentin packen.

„Lass mich!", schrie der, wich in letzter Sekunde aus und jagte den Weg entlang, den er gekommen war.

Doch das Wesen verfolgte ihn, war mit ein paar Sätzen hinter ihm, schnappte nach ihm. Gütiger Himmel, wie Valentin rannte! Wie er wimmerte und klagte! Und was für Glück er hatte! Kurz bevor er die Häuser erreichte, blieb das Wesen stehen und knurrte noch einmal zur Warnung. Dann lief es wieder zur Ruine zurück, mitten ins Feuer hinein, das augenblicklich erlosch.

Auch diese Geschichte ging im Reintal von Mund zu Mund. Danach zerbrach sich dort niemand mehr den Kopf darüber, wie der Schatz vom Tobel zu heben war. Die Frauen unterhielten sich am Waschtag nur noch über dies und jenes, und die Männer gingen, wie früher, nur mehr ins Wirtshaus, um Karten zu spielen.

Und Valentin? Tja, der nannte seine Freunde nie mehr Hosenscheißer. Er glaubte auch nicht mehr, dass das, was er gesehen hatte, nur Hokuspokus war. Deshalb machte er es künftig wie die Leute vom Mair in der Aue: Er tunkte den Zeigefinger ins Weihwasser, bekreuzigte sich und blieb daheim.

# Der Glockenschatz auf der Haselburg

Ritter von Küepach und seine Frau Adele standen auf dem Balkon der Haselburg. Sie waren erst kürzlich eingezogen, und sie waren einer Meinung: Ihr neuer Wohnsitz war gut gewählt. Vor dem Tor begann der Wald, die Burg stand auf einem Porphyrfelsen mit bester Sicht ins Etschtal und zur Straßenmarktsiedlung Bozen hinab.

Der Ritter und seine Frau hätten also in eine glückliche Zukunft blicken können, wenn da nicht eine Sache gewesen wäre – der Papst hatte zu einem Kreuzzug aufgerufen. Für den Ritter hieß das, in die Ferne ziehen, Jerusalem und das Heilige Land verteidigen. Aber Krieg, das war nichts für ihn. Das war für niemanden was. Trotzdem folgte er dem Ruf des Papstes, wie viele andere auch.

Doch ein Kreuzzug dauerte Monate, oft sogar Jahre. Und so sorgte sich Ritter von Küepach. In dieser Zeit kann die Haselburg ausgeraubt werden, dachte er. Diebe gibt es genug.

Deshalb fasste er einen Plan, von dem niemand etwas wissen durfte, nicht einmal seine geliebte Adele.

Er sagte ihr, dass er noch etwas Wichtiges zu erledigen hätte, und brachte das Ersparte – das waren Gold- und Silbermünzen – mit einem Pferdewagen zu einem Schmied nach Bozen. Der ließ die Münzen in der Esse schmelzen und goss die Flüssigkeit in zwei hohle Kupferkugeln. Der Ritter brachte sie zur Haselburg und stellte eine zur linken und eine zur rechten Seite des Torbogens hin.

Adele war der Meinung, dass sie eine Zierde wären und sagte: „Was für ein kunstvolles Beiwerk."

Da fühlte sich der Ritter bestätigt. Niemand würde auf die Idee kommen, dass die Kugeln einen anderen Zweck erfüllen. Er konnte also beruhigt in den Kreuzzug ziehen.

Am nächsten Tag hieß es für ihn und Adele Abschied nehmen. Das war unendlich schwer, für beide. Selbst das Wetter schien mit ihnen zu trauern, denn in den Bäumen nistete der Nebel, und es begann zu nieseln, als der Ritter auf sein Pferd stieg und mit seinen Knappen davonritt. Adele winkte ihm nach. Sie stand noch da, als er längst im Wald verschwunden war und kämpfte mit den Tränen.

Nun begann für sie das Warten, das Hoffen, das Bangen. Krieg, das ist für niemanden was, dachte auch sie und sorgte sich jeden Tag. Wie sollte ihr Mann die vielen Gefahren überstehen, die lange Reise, die Schlachten? Schrecklich!

Je länger er fort war, desto öfter fragte sich Adele, was passiert sein könnte. War er in Gefangenschaft geraten? War er verletzt oder gar ...? „Lieber Gott, lass das nicht sein. Lass ihn heil wiederkommen", flehte sie und betete für ihren Mann. Manchmal ging sie auch zum Tor und betrachtete die Kupferkugeln. Sie erfreuten ihr Herz und ließen sie die Hoffnung auf ein Wiedersehen nicht ganz verlieren.

Die Wochen vergingen, eine Jahreszeit wechselte die andere ab. Eines Morgens klopften zwei Ordensbrüder an das Tor der Haselburg und baten um eine Spende für die große Glocke der Dominikanerkirche in Bozen. Adele wäre dieser Bitte gerne nachgekommen, doch sie hatte kaum Geld. Also schenkte sie den beiden die Kupferkugeln. Sie trennte sich nicht leicht davon, aber vielleicht kam diese Spende ihrem Mann zugute. Vielleicht hielt der liebe Gott seine schützende Hand über ihn. Und wieder betete sie, und wieder vergingen weitere Wochen.

Adele hatte das Gefühl, dass der Zeitstrom stillstand, aber dann kam ein Bote mit der Nachricht, dass der Ritter auf dem Heimweg war. Er würde schon bald da sein. Mehr noch, er war unverletzt.

Adeles Herz tanzte. „Der liebe Gott hat mich erhört!“, rief sie. „Er hat ein Wunder geschehen lassen.“

Sobald sie den Ritter kommen sah, öffnete sie das Tor und lief ihm entgegen. Er sprang vom Pferd, nahm sie zu ihrem Erstaunen aber nicht in die Arme, sondern ging schnurstracks an ihr vorbei zum Torbogen und fragte: „Wo sind die Kupferkugeln. Du hast sie woanders hingestellt, nicht wahr? Zeig sie mir! Da ist unser Gold und Silber drin!“

„In den Kugeln?“, gab Adele entgeistert zurück. „Du meine Güte, ich habe sie für die Glocke der Dominikanerkirche gespendet!“

Der Ritter starrte sie an, eine ganze Weile. Dann ging ein Ruck durch ihn, und er tat etwas, das er noch nie getan hatte. Er schrie Adele an: „Bist du von Sinnen? Unser ganzes Erspartes ist weg! Uns bleibt nichts! Gar nichts!“ Mit diesen Worten packte er sie, zerrte sie hinter die Burg, wo der Felsen steil abfällt und dort – wollte er sie in die Tiefe werfen. Seine Frau, die er über alles liebte!

Adele flehte ihn an, sie zu verschonen, doch er war wie von Sinnen. Er hielt sie über die Felskante und wollte sie schon fallen lassen, als im Turm der Dominikanerkirche die neue Glocke zu läuten begann. Mit einem Klang, der so hell und eindringlich war, dass der Ritter zur Besinnung kam.

Entsetzt zog er Adele von der Felskante weg, brachte sie in Sicherheit und rief: „Was ist nur in mich gefahren? Ich wollte dich soeben … Dabei trifft dich gar keine Schuld. Ich hab dir das von den eingeschmolzenen Münzen doch verschwiegen.“

Adele musste sich zuerst fangen, zu groß war der Schreck. Danach konnte sie nicht anders, sie beschimpfte ihren Mann und ließ ihn wissen, wie das mit dem Hoffen und Bangen gewesen war und warum sie die Kupferkugeln gespendet hatte.

Nun begriff Ritter von Küepach endgültig. Voller Reue kniete er sich hin und bat seine Frau um Verzeihung.

Ob sie das konnte, ihm verzeihen?

Doch, es gelang ihr tatsächlich. Das lag wohl auch am Klang der Glocke, der so hell wie Gold und Silber war.

So kam es, dass Adele und ihr Mann doch noch in eine glückliche Zukunft blicken konnten. In eine gemeinsame Zukunft auf der Haselburg, die heute noch auf dem besagten Porphyrfelsen bei Bozen steht.

# Das Pfeifer-Huisele

Eigentlich hieß dieser Mann Matthäus Hänsele. Man nannte ihn aber auch Pfeifer-Hänsele oder einfach nur Huisele.

Auf einem Berghof in der Nähe von Sterzing wuchs er auf. Die Familie war groß, doch die Felder gaben wenig her, und die Bäume sahen kümmerlich aus. Vielleicht war Huisele deswegen eher von schmächtiger Statur. Aber die Kleinen sind manchmal die Gewieftesten. Er jedenfalls dürfte ein ziemlich heller Kopf gewesen sein, ein Schnelldenker.

Vielleicht war er auch einer, der es sich leisten konnte, öfters die Schule zu schwänzen. Vielleicht war er einer, der andere Kinder ärgerte, dem Lehrer die Brille versteckte oder der Lehrerin Leim auf den Stuhl strich und als Strafe vor die Tür musste. Wie dem auch sei, Huisele soll sich das Lesen und Schreiben selbst beigebracht haben, im Handumdrehen sogar. Auch soll er früh mit Karten- und Taschentricks die Leute unterhalten und gelegentlich etwas gestohlen haben.

Ob er bei seinen Streichen ein schlechtes Gewissen hatte, weiß man nicht. Ob er sich irgendwann besserte? Es heißt doch, das Unfugtreiben wächst sich bei den meisten Kindern aus, und sie werden kreuzbrav.

Na ja, sagen wir so: Bei Huisele war keine Besserung in Sicht. Bei ihm waren Hopfen und Malz verloren.

Nachdem er die Schulzeit hinter sich hatte, packte er ein paar Habseligkeiten zusammen, nahm in Ratschings eine Stelle an und wurde Knecht. Er dachte: Diese Bauersleute sind bemittelt, und sie haben ebene Felder. Das heißt: guter Lohn, gutes Essen, leichte Arbeit.

Die Wirklichkeit sah aber anders aus. Der Lohn war so mager wie das Essen, und auf dem Hof gab es so viel Arbeit, dass Huisele Blasen an den Händen bekam. Deshalb tat er nur das Nötigste und das im Schneckentempo. „Geht's noch!", sagte er sich. „Da hätt ich gleich daheimbleiben können, wo man sich beim Mähen anseilen muss und die Hennen Steigeisen brauchen."

Die Bauersleute merkten bald, wie faul der neue Knecht war. „Das wird dir noch vergehen", schimpften sie und luden Huisele so viel Mist auf den Karren, dass er schon vom Hinsehen weiche Knie bekam. Er musste mit der Fuhre nämlich durchs Dorf und über eine Steigung zur Wiese. Oh, da schwitzte der Schelm aber. Als der Karren auch noch gegen einen Stein rollte und kein Mensch helfen wollte, hatte Huisele genug.

„Tod und Teufel!", fluchte er und ließ noch weitere Schimpfwörter folgen. „Sollen sich die Bauersleute doch selber um den Mist kümmern. Ist doch ihrer!" Damit stieß er den Karren um, packte in Ratschings seine Siebensachen und war weg.

In der Brennergegend fand er eine neue Stelle als Knecht. Auch dort gab es viel zu tun, aber dieses Mal passte wenigstens das Essen. Es gab faustgroße Knödel, Mus mit einem See Butterschmalz darauf ... Hm, wie es Huisele schmeckte. Und wie viel er sich auf den Teller schaufelte. Das hatte er sich auch verdient. Er stand nämlich jeden Morgen um vier Uhr auf und tat alles, was auf dem Hof anfiel.

Trotzdem sagten die Bauersleute: „Dass ein schmaler Kerl wie du nur so viel Hunger hat. Allerhand, du isst ja für drei!"

Huisele war um die Antwort nicht verlegen. „Ich arbeite auch für drei!", stellte er klar und grinste.

Da schauten die Bauersleute aber, du lieber Schwan. Am nächsten Tag jedoch war Huisele derjenige, der dumm dreinschaute. Warum? Tja, auf dem Mus war fast kein Schmalz mehr, die Knödel waren auf Hühnereigröße geschrumpft, und die Bauersleute nannten ihren Knecht auch noch „teurer Kostgänger". Teurer Kostgänger! Das ließ Huisele nicht auf sich sitzen.

Bei der Heumahd gähnte er bei jedem Sensenstreich, dafür verweigerten die Bauersleute ihm die Brotzeit und sagten obendrein: „Tu wenigstens so, als ob du kauen würdest. Sonst meint man noch, du müsstest bei uns hungern."

Das ärgerte Huisele wieder, natürlich. Doch dieses Mal nahm er die Sache mit Humor und kaute wirklich, ohne etwas im Mund zu haben. Später

rächte er sich, holte mit der Sense aus, mähte das Gras aber nicht, sondern fuhr nur darüber hinweg.

„Was soll denn das?", riefen die Bauersleute empört.

Huisele grinste wieder. „Seht ihr das nicht? Ich tu so, als würde ich mähen. Vorhin hab ich doch auch so tun müssen, als würde ich essen."

Das saß, die Bauerleute rollten wild mit den Augen. Das war's aber auch mit Huiseles Laufbahn als Knecht. Er wurde lauthals beschimpft und dann vom Hof gejagt.

Aber nicht, dass er sich deswegen gegrämt hätte. Wozu auch, jetzt war Freizeit angesagt. Freizeit, die er in den Wirtshäusern von Sterzing verbrachte, wo er Stammgast wurde und seine wahren Talente nutzte: Er unterhielt die Gäste mit seinen Karten- und Taschentricks, mit erfundenen Geschichten und Aufschneidereien. Im Gegenzug zahlten die Gäste seine Zeche und legten noch etwas drauf. Klar, man vergnügt sich eben gern und will Spaß haben.

Spaß hatte auch Huisele, am meisten, wenn die Kasse stimmte. Wobei ihm Geld nicht wirklich etwas bedeutete. Hatte er eins, verschleuderte er es. Er soll auch einer Familie geholfen und ihr einen Sack Getreide und eine Kuh gekauft haben. Unvorstellbar eigentlich, wenn man Huiseles Lebenslauf betrachtet.

Aber abgesehen davon: Huisele hatte nicht nur Spaß, er staunte auch darüber, wie einfach es war, die Wirtshausgäste zu beeindrucken. Je leiser seine Stimme beim Erzählen wurde, desto dicker wurde die Gänsehaut auf ihren Armen. Fuhr er mit der Stimme wieder in die Höhe, fielen sie vor Schreck fast von den Stühlen. Wie Kinder waren sie. Sie dachten tatsächlich, dass seine Tricks echt waren – Magie, Zauberei. So

war das früher; das Volk war nicht nur leichtgläubig, es war auch abergläubisch. Huisele kam das natürlich gelegen, denn es lebte sich gut davon. So musste er nicht mehr arbeiten gehen, und seine Hände blieben von den lästigen Blasen verschont.

Für diesen Luxus ließ er sich allerhand einfallen. „Wisst ihr was?", sagte er einmal im Wirtshaus. „Ich kann Menschen unbeweglich machen. Das geht ganz schnell und tut nicht weh." Dann schaute er einem Mann, der gerade zur Tür hereinkam, tief in die Augen, woraufhin der zum Erstaunen der Gäste keinen Wimperschlag mehr tat.

„Ich kann noch mehr", versprach Huisele, band den Mann flink an ein Stück Garn, löste seine Unbeweglichkeit auf, ließ ihn über Stühle stolpern, einen Katzenbuckel machen, wie einen Hund das Bein heben.

Ha, da lachten die Gäste und legten brav Geld in den Hut, den Huisele herumreichte. Dass er mit dem Mann später – wie vorher vereinbart – halbehalbe machte, das verriet er freilich nicht.

Kaum waren die Einnahmen verbraucht, ließ er sich etwas Neues einfallen, wobei er einen reichen Bauern ins Auge fasste.

„Schön, dich zu sehen", sagte er, als der eines Abends ins Wirtshaus kam. Dann setzte er sich zu ihm, goss Wein in sein Glas und prostete ihm zu. „Dein Hof steht den ganzen Winter über im Schatten", begann er. „Wenn du willst, schneide ich den Berg ab, sodass du zu jeder Jahreszeit Sonne hast. Ich hab, pssst, eine Zauberschere. Damit geht das ratzfatz."

Den Bauern störte der Schatten wirklich, also wollte er wissen, was ihn das Abschneiden kosten würde.

„Ganz billig ist's nicht", meinte Huisele. „Aber stell dir vor: Mehr Sonne, mehr Wohlbefinden, kürzere Heizzeiten, weniger Holzverbrauch ..." Und schon war der Bauer eingewickelt.

Ohne zu zögern, schob er ein paar Goldmünzen über den Tisch, woraufhin Huisele ihm vorgaukelte, dass die Zauberschere nun zum Berg unterwegs sei.

„Wie viel soll sie denn abschneiden?", fragte er.

„Viel", antwortete der Bauer. „Gaaanz vieeel."

„Viel Wein gibt's auch", sagte Hiusele, schenkte ihm nach und schwindelte weiter: „Ui, wie die Schere schneidet. Mein Lieber, mein Lieber, bald ist der lästige Berg weg."

Mit einem Mal aber schrie Huisele: „Hühnerdreck und Schneckenschleim, der Berg fällt in die falsche Richtung und trifft gleich deinen Hof! Vielleicht kann ich ihn noch aufhalten. Sag, schnell, was zahlst du dafür?"

Entsetzt schob ihm der Bauer weitere Goldmünzen hin, alle, die er bei sich hatte. Huisele sackte sie ruckzuck ein und tat dann so, als würde er unter größtem Kraftaufwand den Berg vom Hof wegdrücken. „Halleluja, das Unheil ist abgewendet", tönte er schließlich.

„Halleluja!", wiederholte der Bauer und fügte zahlreiche Dankesworte hinzu. Danach begoss er den Erfolg ausgiebig und schwankte heim, wo ihn – wie konnte es anders sein – die Wahrheit erwartete.

Zurück blieb Huisele, der die Goldmünzen zählte und lachte und lachte, und alle Gäste lachten mit.

So hätte es für den Rest seines Lebens weitergehen können, doch mit Schurkenstücken macht man sich nicht überall beliebt. Vielleicht wurden Huiseles Streiche mit der Zeit auch dreister. Oder er spielte zu viel mit dem Aberglauben der Leute. Wie es auch gewesen sein mag, irgendwann kamen Gerüchte auf, und es hieß: Dieser Nichtsnutz hat das Zaubern vom Teufel gelernt! Er hat einen Pakt mit ihm geschlossen. Mit dem Teufel, das muss man sich mal vorstellen! Als Zeichen trägt Huisele eine verkehrt gesteckte Feder auf dem Hut.

Genauso hieß es.

Daraufhin ließ man Huisele in den Wirtshäusern wissen, dass er unerwünscht war. Man setzte ihn vor die Tür, und, zack, nun war auch seine zweite Laufbahn zu Ende, die als Spaßvogel und beliebter Unterhalter. Ob es ihm passte oder nicht.

Er war aber nicht nur in den Wirtshäusern unerwünscht. Die Leute wichen ihm plötzlich überall aus, und die Gerüchteküche brodelte. Man sagte: „Huisele kann durch die Luft fliegen und Stürme losbrechen lassen. Er kann Lawinen, Bergstürze und Überschwemmungen auslösen. Mit einem Kübel Wasser und Zauberpulver hext er Unwetter herbei, die auf den Feldern die Ernten vernichten. Dieser vermaledeite Tunichtgut, solche Sachen lässt er sich vom Teufel zeigen! Und er, der Teufel selbst, kommt als Ziegenbock daher, mit rabenschwarzem Fell und blutroten Augen. Auf diesem Vieh reitet Huisele nachts durch die Gegend und trifft sich mit Hexen!"

Was für Anschuldigungen, Herrschaftszeiten! Und nicht eine davon war wahr! Erstunken und erlogen waren sie, alle, von A bis Z und umgekehrt. Trotzdem machten sie die Runde. Trotzdem wurden diese Stimmen lauter, wurden zu einem Sturm, der Huisele erfasste und arg beutelte.

Wie, arg beutelte? Was ist damit gemeint?

Herrje, fällt diese Antwort schwer.

Huisele wurde ... Ach, er wurde von den Gerichtsdienern verhaftetet, und die waren für Karten- und Taschentricks ganz und gar nicht zu haben. Auch nicht für erfundene Geschichten oder für Streiche und dergleichen. Auch das Gewieftsein und schnell Denken halfen Huisele da nicht. Seine Talente – alles vorbei und Schnee von gestern.

Die Gerichtsdiener führten ihn dem Richter vor, und der machte nicht viel Federlesen. Er blickte in die Akte und sprach: „Matthäus Hänsele, auch Pfeifer-Hänsele oder Huisele genannt, groß geworden auf dem Weiler Flading in der Nähe von Sterzing, in einer kinderreichen Familie, Nadel- und Tagedieb, Schlitzohr, Betrüger, und, und, und ..."

Dann sah der Richter Huisele tief in die Augen. „Jetzt hat's dich, du Schelm!", rief er, schlug die Akte zu und haute mit der Faust so drauf, dass es im Gerichtssaal einen lauten Widerhall gab.

Und, zack, damit war auch Huiseles letzte Laufbahn zu Ende: Die seines Lebens nämlich, das so ähnlich verlaufen sein könnte, wie es hier geschrieben steht.

Huisele, Huisele, so kann's gehen!

Marianne Ilmer Ebnicher lebt und arbeitet als freie Schriftstellerin in Südtirol. Sie weist mehrere Buchveröffentlichungen sowie zahlreiche Lesungen auf. Sie schätzt den Austausch mit anderen Kunstformen, hat Erfahrung als Lyrikerin, Rezensentin und Jurymitglied (Literatur).
www.ebnicher.net

Brigitte Seiwald lässt sich gerne von der Natur inspirieren, wenn sie mit Farben, Formen und Materialien arbeitet. Als ausgebildete Schauwerbegestalterin hat sie Erfahrung mit verschiedenen künstlerischen Ausdrucksmöglichkeiten. Heute lebt und arbeitet sie in Bruneck.